Jean-Pierre SINAWAZO KITAMBALA

CRÉÉ POUR DOMINER

Jean-Pierre SINAWAZO KITAMBALA

CRÉÉ POUR DOMINER

Éditions Croix du Salut

Imprint
Any brand names and product names mentioned in this book are subject to trademark, brand or patent protection and are trademarks or registered trademarks of their respective holders. The use of brand names, product names, common names, trade names, product descriptions etc. even without a particular marking in this work is in no way to be construed to mean that such names may be regarded as unrestricted in respect of trademark and brand protection legislation and could thus be used by anyone.

Cover image: www.ingimage.com

Publisher:
Éditions Croix du Salut
is a trademark of
International Book Market Service Ltd., member of OmniScriptum Publishing Group
17 Meldrum Street, Beau Bassin 71504, Mauritius
Printed at: see last page
ISBN: 978-613-7-37303-3

MINISTERE INTERNATIONAL DE LA PAROLE DE VIE

CREE POUR DOMINER

DEDICACE

Je dédie ce livre à tous les chrétiens du monde entier, et plus particulièrement au pasteur Paulin KALONJI de l'Eglise Evangélique Cité de l'Eternel à Lubumbashi, en République Démocratique du Kongo et aux membres de cette église, sans oublier le corps de Christ à travers le monde.

Les chrétiens, sur qui le péché ne règne plus, ne doivent pas se laisser dominer par le péché, mais servir la justice « Que le péché ne règne donc point dans votre corps mortel, et n'obéissez pas à ses convoitises. Ne livrez pas vos membres au péché, comme des instruments d'iniquité ; mais donnez-vous vous-mêmes à Dieu, comme étant vivants de mort que vous étiez, et offrez à Dieu vos membres, comme des instruments de justice. Car le péché n'aura point de pouvoir sur vous, puisque vous êtes, non sous la loi, mais sous la grâce » (Rom 6.12-14).

A sa seconde venue, Jésus-Christ dominera sur tous ses ennemis sous ses pieds « Car il faut qu'il règne jusqu'à ce qu'il ait mis tous les ennemis sous ses pieds » (1Cor 15.25) et les croyants règneront avec lui « Si par l'offense d'un seul la mort a régné par lui seul, à plus forte raison ceux qui reçoivent l'abondance de la grâce et du don de la justice règneront-ils dans la vie par Jésus-Christ lui seul » (Rom 5.17).

La domination que Dieu établira sera éternelle « Le septième ange sonna de la trompette. Et il y eut dans le ciel de fortes voix qui disaient : Le royaume du monde est remis à notre Seigneur et à son Christ ; et il régnera aux siècles des siècles. Et les vingt-quatre vieillards, qui étaient assis devant Dieu sur leurs trônes, se prosternèrent sur leurs faces, et ils adorèrent Dieu, en disant : Nous te rendons grâce, Seigneur Dieu tout-puissant, qui es, et qui étais, de ce que tu as saisi ta grande puissance et pris possession de ton règne » (Ap 11. 15-17).

INTRODUCTION

Chaque fois que nous achetons du matériel neuf, celui-ci est en principe emballé : un téléphone portable, une télévision, un lave-linge, une imprimante, ...dans un magasin, celui-ci est toujours emballé dans un carton à l'intérieur duquel on trouvera une notice (ensemble d'indications sommaires, mode d'emploi, bref un écrit qui apporte des indications sommaires sur le produit ou le matériel) qui nous donne des informations sur le fonctionnement, la maintenance et l'utilisation. La notice est une réponse aux questions : qu'est-ce que ce produit ? Quelles sont les informations à connaitre avant son utilisation ? Quelles sont les précautions d'emploi ? Comment utilise-t-on le produit (matériel) ? Quelles sont les informations concernant le fabricant (adresse, téléphone,...) ? Comment l'entretenir et le maintenir ? Quelle est la procédure à suivre en cas de panne ou de dysfonctionnement ? Bref, la notice donne toutes les informations utiles pour permettre à l'acheteur, soit de réparer, soit de retourner l'objet acheté vers le fabricant qui, seul en connait le secret et capable de détecter et de réparer la panne constatée.

Vers qui se tourne l'homme quand il est en panne ou en difficultés ? N'est-ce pas vers d'autres hommes : des scientifiques sortis de grandes écoles, des sociologues, des docteurs dans différents domaines,... avec qui ils organisent des séminaires, des conférences, des débats houleux, sans la présence du fabricant ? Quelles conséquences résultent de cette attitude de l'homme ? L'homme se tourne vers les organisations qu'il a lui-même montées : devant la guerre, on se tourne vers l'ONU, devant l'insécurité grandissante dans les pays, on envisage d'augmenter le nombre de militaires, devant le réchauffement climatique, les pays organisent des sommets dans le cadre de l'ONU, devant la faim, les pays se tournent vers la F.A.O, devant les épidémies, les hôpitaux font appel à l'OMS, devant l'immigration vers l'Europe, celle-ci fait appel à toute l'Europe en vue de s'unir et d'ériger une barrière au niveau des frontières continentales,...et nous connaissons tous que du fait que ces organisations ne se tournent pas vers le fabricant, les résultats sont ceux que nous vivons : échec sur échec, la situation ne fait que s'empirer !

L'attitude de l'homme n'est ni moins ni plus qu'une rébellion pleine de conséquences fâcheuses : tant que l'homme ne se sera pas retourné vers son fabricant, sa condition ira toujours en s'empirant sous le regard pitoyable de son Créateur. Dieu est le Créateur (le fabricant) de l'homme, c'est lui qui en connait tous les secrets ; et la Bible est la notice donnée par Dieu à l'homme pour qu'il s'y réfère, qu'il la lise et mette en pratique tout ce qui y est écrit, s'il veut réussir et avoir du succès « *Que ce livre de la loi ne s'éloigne pas de ta bouche ; médite-le jour et nuit, pour agir fidèlement selon tout ce qui y est écrit ; car c'est alors que tu auras du succès dans tes entreprises, c'est alors que tu réussiras*(Jos 1.8) ».

Le monde entier vit dans la peur du lendemain, certains continents sont dominés par d'autres, des pays entiers, des religions, des hommes sont dominés par d'autres ; des hommes dominés par leurs femmes, par la mode, la musique, l'argent, la politique, la science, la colère, la haine, les esprits démoniaques divers, le mysticisme, l'occultisme, la sorcellerie, le fétichisme, le spiritisme, ...

Ou sont les chrétiens et les églises aujourd'hui ? Ils sont dominés par les païens : y'a-t-il un seul pays dirigé par un vrai chrétien dans le monde ? Ne sont-ils pas tous versés dans les sectes (ne sont-ils pas tous pourris, pour reprendre l'expression de Jean-Luc Mélenchon, candidat malheureux aux élections présidentielles françaises du mois de mai 2017 dernier en France) ? Jusqu'à quand les chrétiens seront-ils de combattants comme David, et de sages comme Salomon, ... à la tête de pays ? Face à tous ces défis (problèmes), que doit faire l'homme pour trouver la solution ou pour réintégrer le dessein pour lequel Dieu l'a créé ?

Nous croyons qu'il est urgent que l'homme se tourne vers son Créateur, celui qui est le Maitre des temps et des circonstances, *le Jéhovah* ***Nissi*** *« l'Eternel ma bannière »(Ex 17.8-15) ; Jéhovah* ***Shalom*** *«l'Eternel est ma paix »(Jg 6.24) ; Jéhovah* ***Jiré*** *« l'Eternel qui pourvoit »(Ge 22.16) ; Jéhovah* ***Rapha*** *« l'Eternel qui guérit »(Ex 15.26) ; Jéhovah* ***Tsidkenu*** *« l'Eternel est ma justice »(Jé 23.6) ; Jéhovah* ***Shammah*** *« l'Eternel qui est présent »(Ez 48.35), Jéhovah* ***Sabbaorth****, El* ***Elyon*** *« le Très Haut »(Ge 14.18-20) ; El* ***Ganna*** *« Dieu jaloux »(Ex 20.5) ;****Abba*** *« Père ou Papa »(Ro 8.15) ; El* ***Olam*** *« l'Eternel Dieu »(Ge 21.33) ;****Adonaï*** *« Maitre et Seigneur »(Ge 18.2) ;****Elohim*** *« Dieu créateur »(Ge 1.1) ;****El Shaddai*** *« le Dieu Tout-Puissant »(Ge 17.1-7) ; Jéhovah* ***Mikkadesh*** *« le Seigneur qui sanctifie »(Ex 31.12-13) ; Jéhovah* ***Rohi*** *« l'Eternel est mon Berger »(Ps 23.1) « Abraham donna à ce lieu le nom de Yahvé-Jiré. C'est pourquoi l'on dit aujourd'hui : A la montagne de l'Eternel il sera pourvu »(Gen 22.14) ; « Et l'Eternel passa devant lui, et s'écria : L'Eternel, l'Eternel, Dieu miséricordieux et compatissant, lent à la colère, riche en bonté et en fidélité »(* Ex 34.6) qui lui a dit *: « ... et qu'il* **domine**... » (Gen 1.26).

Lewis Sperry Chafer, dans son livre « Les grandes doctrines de la Bible » dit : Privé de la connaissance des doctrines de la Bible, l'enfant de Dieu, même sincère, risque de « flotter » et d'être « emporté à tout vent de doctrine par la tromperie des hommes et par leur ruse dans les moyens de séduction ». Le dieu de ce siècle a tellement aveuglé l'intelligence que même les chrétiens ne voient pas briller la splendeur de l'Evangile de la gloire de Christ qui est l'image de Dieu. Nous sommes tellement préoccupés par les choses de ce monde qu'on ne réalise même plus nos droits et tous les privilèges qui sont réservés aux enfants de Dieu que nous sommes. Nous vivons dans la peur, oubliant qu'au commencement, à la création, Dieu dit au sixième jour : *« ...Faisons l'homme...et qu'il* **domine**... » (Gen 1.26). Tel était le plan de Dieu pour l'homme qu'il a créé, telle est aussi sa volonté et sa parole.

Après quinze ans dans le ministère, je n'ai jamais cessé de me poser la question de savoir si l'homme domine réellement. Et s'il domine, sur qui impose-t-il sa domination ? De quel moyen dispose-t-il pour qu'il atteigne cet objectif ? Comment faire pour accomplir cela dans nos vies ? Pour répondre à toutes ces questions, nous définirons d'abord le mot « domination » avant de voir le dessein de Dieu envers l'humanité, les conditions pouvant permettre à l'homme de dominer, les moyens dont il dispose, pour terminer par notre point de vue par rapport à ce qu'on vit dans la société actuelle, ce qui constituera notre conclusion.

QU'EST-CE QUE LA DOMINATION ?

Les dominations sont des esprits diaboliques tout puissants. Ce sont les princes des quatre coins du monde (des continents, des pays, des régions, des villes). Ce sont les démons les plus importants, les plus gradés. La Bible stipule que Dieu aussi dispose d'une hiérarchie dans l'Eglise *« Et Dieu a établi dans l'Eglise premièrement des apôtres, secondement des prophètes, troisièmement des docteurs, ensuite ceux qui ont le don des miracles, puis ceux qui ont les dons de guérir, de secourir, de gouverner, de parler diverses langues »* (1Co 12.28). L'adverbe « premièrement », dans ce verset, traduit « proton », qui signifie « premier en ordre d'importance ». Pourquoi Dieu dirait-il que les apôtres viennent en premier en ordre d'importance ? Je pense que c'est parce que les apôtres sont spécialement désignés pour aller lutter contre les dominations. Cela ne veut pas dire que seuls les apôtres sont à même de les combattre, mais plutôt qu'ils sont tout particulièrement choisis pour cela.

*« Puis Dieu dit : Faisons l'homme à notre image, selon notre ressemblance, et qu'il **domine** sur les poissons de la mer, sur les oiseaux du ciel, sur le bétail, sur toute la terre, et sur tous les reptiles qui rampent sur la terre »* (Gen 1.26). « **Faisons** » est le verbe « faire » conjugué à l'impératif présent, première personne du pluriel ; ce qui se réfère à la Trinité divine : le Père, le Fils et le Saint-Esprit.

« **Domine** » est le verbe dominer, qui signifie : être maitre de, exercer son autorité sur *« Il dit à la femme : J'augmenterai la souffrance de tes grossesses, tu enfanteras avec douleur, et tes désirs se porteront vers ton mari, mais il **dominera** sur toi »* (Gen 3.16) (2) ;

du latin « dominari de dominus= maitre »- exercer sa suprématie (exemple : Notre équipe a dominé en première mi-temps) ;

l'emporter en nombre ou en intensité (exemple : Les jeunes dominent dans cette réunion) ;

tenir quelqu'un ou un groupe sous son autorité, soumettre (exemple : Napoléon voulait dominer l'Europe) ;

manifester sa supériorité sur, surpasser (exemple : Ce coureur domine le peloton) ;

au figuré, dominer signifie maitriser quelque chose (exemple : dominer son sujet, ses passions) ;

être en position surélevée par rapport à autre chose, surplomber (exemple : Le château domine la ville).

De l'hébreu malkout : royauté ; memchalah, *« Dieu fit les deux grands luminaires, le plus grand luminaire pour présider au jour, et le plus petit luminaire pour présider à la nuit ; il fit aussi les étoiles » (Gen 1.16) ; « Ton règne est un règne de tous les siècles, et ta* ***domination*** *subsiste dans tous les âges »* (Ps 145.13) ;

Du grec basileia : autorité royale. Dans l'Ancien Testament, malkout est synonyme de règne, c'est-à-dire de l'exercice du plein pouvoir par Dieu, par son Messie ou par les hommes (Jos 12.2, 5 ; 1Chr 11.10 ; 2Chr 11.1 ; Ps 8.7 ; 103.22 ; 145.13 ; Da 4.3).

Du grec kuriotes. Dans le Nouveau Testament, la domination n'a plus de rapport avec le règne, mais le mot au pluriel désigne les puissances célestes qui ont été vaincues par Jésus-Christ sur la Croix *« Il a dépouillé les dominations et les autorités, et les a livrées publiquement en spectacle, en triomphant d'elles par la croix »* (Col 2.15) et qui seront détruites lors de la remise du royaume à son Père *« Ensuite viendra la fin, quand il remettra le royaume à celui qui est Dieu et Père, après avoir détruit toute domination, toute autorité et toute puissance »* (1Co 15.24).

« Puis Dieu dit : Faisons l'homme à notre image, selon notre ressemblance, et qu'il ***domine*** *sur les poissons de la mer, sur les oiseaux du ciel, sur le bétail, sur toute la terre, et sur tous les reptiles qui rampent sur la terre »* (Gen 1.26) ; *« Il dit à la femme : J'augmenterai la souffrance de tes grossesses, tu enfanteras avec douleur, et tes désirs se porteront vers ton mari, mais il* ***dominera*** *sur toi »*(Gen 3.16) ; « Certainement, si tu agis bien, tu relèveras ton visage, et si tu agis mal, le péché se couche à la porte, et ses désirs se portent vers toi : mais toi, domine sur lui » (Gen 4.7) ;

« Vous les laisserez en héritage à vos enfants après vous, comme une propriété ; vous les garderez comme esclaves à perpétuité. Mais à l'égard de vos frères, les enfants d'Israël, aucun de vous ne **dominera** avec dureté sur son frère » (Lév 25.46) ; « L'Eternel, ton Dieu, te bénira comme il te l'a dit, tu prêteras à beaucoup de nations, et tu n'emprunteras point ; tu **domineras** sur beaucoup de nations, et elles ne **domineront** point sur toi » (De 15.6) ;

« Gédéon leur dit : Je ne dominerai point sur vous, et mes fils ne domineront point sur vous ; c'est l'Eternel qui dominera sur vous » (Jg 8.23) ;

« C'est de toi que viennent la richesse et la gloire, c'est toi qui domines sur tout, c'est dans ta main que sont la force et la puissance, et c'est ta main qui a le pouvoir d'agrandir et d'affermir toutes choses » (1Chr 29.12 » ;

« Au douzième mois, qui est le mois d'Adar, le treizième jour du mois, jour ou devaient s'exécuter l'ordre et l'édit du roi, et ou les ennemis des Juifs avaient espéré dominer sur eux, ce fut le contraire qui arriva, et les Juifs dominèrent sur leurs ennemis » (Est 9.1) ;

« Arrêtez, et sachez que je suis Dieu : Je domine sur les nations, je domine sur la terre » (Ps 46.11) ;

« Affermis mes pas dans ta parole, et ne laisse aucune iniquité dominer sur moi ! » (Ps 119.133) ;

« Je leur donnerai des jeunes gens pour chefs, et des enfants domineront sur eux » (Es 3.4) ;

« Au lieu de l'airain je ferai venir de l'or, au lieu du fer je ferai venir de l'argent, au lieu du bois, de l'airain, et au lieu des pierres, du fer ; je ferai régner sur toi la paix, et dominer la justice » (Es 60.17)

« Des esclaves dominent sur nous, et personne ne nous délivre de leurs mains » (Lm 5.8) ;

« Il cria avec force et parla ainsi : Abattez l'arbre, et coupez ses branches ; secouez le feuillage, et dispersez les fruits ; que les bêtes fuient de dessous, et les oiseaux du milieu de ses branches » (Dan 4.14)

« Et toi, Bethléhem Ephrata, petite entre les milliers de Juda, de toi sortira pour moi Celui qui **dominera** sur Israël, et dont l'origine remonte aux temps anciens, aux jours de l'éternité » (Mi 5.1)

« Jésus les appela, et dit : Vous savez que les chefs des nations les tyrannisent, et que les grands les asservissent » (Mt 20.25)

« Tout m'est permis, mais tout n'est pas utile ; tout m'est permis, mais je ne me laisserai asservir par quoi que ce soit » (1Co 6.12)

« Je ne permets pas à la femme d'enseigner, **ni de prendre de l'autorité sur l'homme** mais elle doit demeurer dans le silence » (1Ti 2.12) – « Je ne lui permets pas d'enseigner et de **dominer** sur l'homme, mais je lui demande de garder une attitude paisible » (Version Vie Nouvelle)

« Ils leur promettent la liberté, quand ils sont eux-mêmes esclaves de la corruption, car chacun est esclave de ce qui a triomphé de lui » (2Pi 2.19)

Les Chrétiens, sur qui le péché ne règne plus, ne doivent pas se laisser dominer par le péché, mais servir la justice *« Que le péché ne règne donc plus dans votre corps mortel pour vous soumettre à lui par ses désirs »* (Rom 6.12, Version Vie Nouvelle). Comment parvenir à respecter ce commandement ? Nous pouvons y parvenir en cherchant à mettre le doigt sur nos points faibles ; en identifiant ce qui est source de tentation pour nous ; en restant éloignés ; en pratiquant le contrôle de nous-mêmes ; en consacrant du temps à de bonnes habitudes et au service ; et en nous appuyant sur la force et la grâce de Dieu.

A sa seconde venue, Jésus-Christ dominera sur tous ses ennemis sous ses pieds (1Co 12.25) et les croyants règneront avec lui (Rom 5.17 ; 2Ti 2.12). La domination que Dieu établira sera éternelle *« En disant : Nous te rendons grâces, Seigneur Dieu Tout-Puissant, qui es, et qui étais, de ce que tu as saisi ta grande puissance et pris possession de ton règne »* (AP 11.17).

Nous avons été créés non pas pour ramper sur la terre mais au contraire pour dominer. Dieu a créé l'homme à son image et à sa ressemblance : *« A son image »* signifie que l'homme est également un esprit comme l'est Dieu. Le fait d'être sa ressemblance signifie que comme Dieu est le Seigneur et domine sur toute la création, il domine sur tout l'univers qu'il a créé, et est Créateur de tout , cela veut dire que l'homme a également les capacités de dominer, de diriger et de conduire. Au commencement, Dieu nous a créés pour que nous puissions assujettir la terre et dominer sur tout ce qui se meut sur la terre c'est-à-dire soumettre, acquérir connaissance et maitrise de son environnement et d'en soumettre les éléments pour servir la race humaine ; ou bien placer un peuple, une nation sous une domination, une dépendance plus ou moins totale.

Dieu ne nous a pas créés pour que nous puissions seulement applaudir les succès des autres mais nous devons, avec assurance, avancer, connaitre le dessein de Dieu pour l'humanité, assujettir la terre et **dominer** sur tout ce qui s'y meut. Il faut remarquer ici que Dieu ne nous dit pas de dominer sur les autres hommes et que ceux-ci n'ont pas le droit de dominer sur nous. L'héritage de l'homme est d'être créé par Dieu pour être le chef souverain de sa création *« Tu l'as fait de peu inférieur à Dieu, et tu l'as couronné de gloire et de magnificence » (Ps 8.6); « Tu as mis toutes choses sous ses pieds. En effet, en lui soumettant toutes choses, Dieu n'a rien laissé qui ne lui soit soumis. Cependant, nous ne voyons pas encore maintenant que toutes choses lui soient soumises »* (Hé 2.8). Ceci n'était pas seulement réservé pour Adam et Eve, mais aussi pour leur postérité. C'était l'héritage de toute l'humanité qui conserverait l'image, le caractère et l'autorité de Dieu. Adam et Eve, comme corégents de la création, représentaient le modèle pour l'expression de cette domination par la famille et le mariage : *« ...devant aussi hériter avec vous »* (1Pi 3.7). Ce merveilleux héritage serait ultérieurement dérobé de mains de l'homme par un acte de ruse et de déception. Il faut noter que cette domination est partagée : les paroles *« Qu'il domine »* indiquent clairement que Dieu parle d'une domination qui sera partagée. Ce ne serait pas le règne d'un seul homme, ni d'un dictateur ou d'un empire. Il nous faut garder une distinction claire entre le désir satanique de régner seul et la promesse biblique d'un règne partagé, à travers un groupe incorporé, créé à l'image de Dieu. Satan a déclaré : « *... ...: Je monterai au ciel, j'élèverai mon trône au-dessus des étoiles de Dieu ; je m'assiérai sur la montagne de l'assemblée, à l'extrémité du septentrion ; je monterai sur le sommet des nues, je serai semblable au Très-Haut* »(Es 14.13-14). Il a convaincu Eve en disant : « *mais Dieu sait que, le jour où vous en mangerez, vos yeux s'ouvriront, et que vous serez comme Dieu, connaissant le bien et le mal* » (Gen 3.5), si elle mangeait du fruit défendu. Aussi faut-il noter le temps de ces deux versets de la Bible : « *Je monterai...* » ; « *vous serez...* ». L'acte de désirer une domination singulière, séparée des autres, est une rébellion contre Dieu. C'est un acte satanique, inique et charnel. Le désir d'une domination qui provient d'une union avec Christ, de l'obéissance et de la communion avec Christ et son Corps (l'Eglise) est une chose spirituelle, biblique et juste. Le dessein de Dieu à travers un corps composé de plusieurs membres « *Vous êtes le corps de Christ, et vous êtes ses membres, chacun pour sa part* » (1 Co 12.27) est pour eux de partager son image et sa ressemblance (son caractère et son humilité). Si nous faisons partie de ce groupe, nous avons en réserve dans notre être une très grande puissance spirituelle. Les Apôtres rendaient avec beaucoup de force témoignage de la résurrection du Seigneur Jésus, et une grande grâce reposait sur eux tous « *Les apôtres rendaient avec beaucoup de force témoignage de la résurrection du Seigneur Jésus. Et une grande grâce reposait sur eux* »(Ac 4.33). Si nous voulons éviter le désastre spirituel, évitons de rechercher la puissance de Dieu pour notre propre but singulier et égoïste.

Les exemples suivants peuvent nous éclairer mieux :

-Moise : (autorité partagée) : il refusa de posséder la puissance de Dieu pour lui-même, demandant à Dieu de le tuer plutôt que de faire de lui un grand gouverneur, séparé de son peuple « *Pardonne maintenant leur péché ! Sinon, efface-moi de ton livre que tu as écrit. L'Eternel dit à Moise : c'est celui qui a péché contre moi que j'effacerai de mon livre* » (Ex 32.32-33) ;« *Laisse-moi les détruire et effacer leur nom de dessous les cieux ; et je ferai de toi une nation plus puissante et plus nombreuse que ce peuple* » (De 9.14). Il comprit le principe de l'autorité coopérative et partagée.

-Les rois : refusèrent de partager l'autorité. Ils ne faisaient jamais partie de la parfaite volonté de Dieu« *Gédéon leur dit : je ne dominerai point sur vous, et mes fils ne domineront point sur vous ; c'est l'Eternel qui dominera sur vous* » (Jg 8.23) ;« *L'Eternel dit à Samuel : Ecoute la voix du peuple dans tout ce qu'il te dira ; car ce n'est pas toi qu'ils rejettent, c'est moi qu'ils rejettent, afin que je ne règne plus sur eux* »(1Sam 8.7). Ils ne représentaient pas une domination partagée.

-Les croyants : partageront la domination. Ceux qui sont fidèles dans cette vie sur la terre partageront la domination avec Christ pendant toute l'éternité« *Celui qui vaincra, je le ferai asseoir avec moi sur mon trône, comme moi j'ai vaincu et me suis assis avec mon Père sur son trône* » (Ap 3.21) ;« *Heureux et saints ceux qui ont part à la première résurrection ! La seconde mort n'a point de pouvoir sur eux ; mais ils seront sacrificateurs de Dieu et de Christ, et ils règneront avec lui pendant mille ans* » (Ap 20.6) ;« *Il n'y aura plus de nuit ; et ils n'auront besoin ni de la lampe ni de lumière, parce que le Seigneur Dieu les éclairera. Et ils règneront aux siècles des siècles* » (Ap 22.5). Les croyants partageront aussi la gloire : les disciples fidèles de Jésus qui souffrent en accomplissant sa volonté partageront ensemble leur gloire« *Or, si nous sommes enfants, nous sommes aussi héritiers ; héritiers de Dieu, et cohéritiers de Christ, si toutefois nous souffrons avec lui, afin d'être glorifiés avec lui* »(Rom 8.17).

-Jésus (une autorité partagée) : était souvent rempli de joie parce qu'il savait que son ministère serait accompli par plusieurs autres personnes« *C'est pourquoi Christ, entrant dans le monde, dit : Tu n'as voulu ni sacrifice ni offrande, mais tu m'as formé un corps* » (Hé 10.5). Jésus partageait sa puissance et son autorité avec une équipe (un corps)« *Jésus, ayant assemblé les douze, leur donna force et pouvoir sur tous les démons, avec la puissance de guérir les maladies* » (Luc 9.1) « Après cela, le Seigneur désigna encore 70 autres disciples, et il les envoya deux à deux devant lui dans toutes les villes et dans tous les lieux ou lui-même devait aller. ... « *Dans quelque ville que vous entriez, et où l'on vous recevra, mangez ce qui vous sera présenté, guérissez les malades qui s'y trouveront, et dites-leur : Le royaume de Dieu s'est approché de vous.* »(Luc 10.1, 8-9). Le plus petit groupe avec lequel Jésus travailla était composé de deux individus. Le partage de l'autorité (le ministère en équipe) nous empêche de tomber dans les pièges du diable« *Deux valent mieux qu'un, parce qu'ils retirent un bon salaire de leur travail* » (Ec 4.9).

Le partage de la domination nous protège contre la déception : plusieurs personnes (qui professent être des disciples du Dieu de la Bible) s'égarent parce que leur poursuite de la domination est accomplie d'une manière inique, égoïste et méchante. Ils se vantent de leur puissance personnelle ou de leur espoir pour une future puissance personnelle. De telles poursuites conduisent à la déception, comme ce fut le cas pour Eve« *Adam n'a pas été séduit, mais la femme, séduite, s'est rendue coupable de transgression* » (1Ti 2.14). L'Esprit de vérité nous portera à demander à Dieu de nous donner sa puissance. Nous prierons ensemble pour cette puissance et nous la recevrons avec d'autres croyants. Nous sommes ainsi protégés par les principes d'une domination partagée« *Dieu l'a ressuscité, en le délivrant des liens de la mort, parce qu'il n'était pas possible qu'il soit retenu par elle... Hommes frères, qu'il me soit permis de vous dire librement, au sujet du patriarche David, qu'il est mort, qu'il a été enseveli, et que son sépulcre existe encore aujourd'hui parmi nous. Comme il était prophète, et qu'il savait que Dieu lui avait promis avec serment de faire asseoir un de ses descendants sur son trône, c'est la résurrection du Christ qu'il a prévue et annoncée, en disant qu'il ne serait pas abandonné dans le séjour des morts et que sa chair ne verrait pas la corruption. C'est ce Jésus que Dieu a ressuscité ; nous en sommes tous témoins* » (Ac 2.24, 29-32). Dieu créa l'homme pour qu'il domine. Si nous recevons la domination, nous devons exprimer cette autorité en marchant dans une étroite communion fraternelle avec d'autres chrétiens (1Jn 1.7) ; nous devons toujours nous soumettre à Dieu tout en résistant au diable (Jc 4.7).

Chap. 1. THEOLOGIE DE LA DOMINATION

Aussi connue sous le nom de RECONSTRUCTIONNISME CHRETIEN, cette théologie enseigne que, par l'intermédiaire de Christ, Dieu exerce sa domination sur le monde entier et que les croyants jouissent de la domination sur le monde du fait de leur obéissance aux commandements divins (Paul ENNS, Introduction à la théologie, Ed. Impact, 2009, Canada, pp.537-541). Le reconstructionnisme signifie que le christianisme doit reconstruire la culture dans tous les domaines de la vie. La reconstruction chrétienne constitue un développement récent qui suit la pensée des puritains qui cherchaient à construire une société chrétienne en Amérique en lui appliquant les principes de la loi mosaïque. Leur intention était de bâtir le royaume théocratique sur terre. Dans les dernières décennies, un nouveau mouvement essaie de réussir là où les puritains ont échoué- établir un gouvernement théocratique en Amérique. Les défenseurs de la reconstruction chrétienne sont sérieux, bien éduqués et agressifs au sujet de leur philosophie. Rousas J. Rushdoony (1916-2001), auteur de trente livres (dont les 2 volumes Institutes of Biblical Law, qui détaillent l'application des dix commandements à la société) a été l'un des artisans les plus en vue de la théologie de la domination. Il a servi comme missionnaire chez les Indiens américains et comme pasteur presbytérien. En 1965, il a institué la Fondation de Chalcédoine et publié le Chalcedon Report et le Journal of Christian Reconstruction. Nous pouvons citer Gary North, gendre de Rushdoony ; Grey Bahnsen ; David Chilton,... qui ont soit écrit des livres et travaillé avec Rushdoony, soit qui ont été influencés par le mouvement. Cette émergence de la reconstruction chrétienne est due à la « désillusion par rapport au grand gouvernement, à des inquiétudes au sujet de la décadence morale de l'Amérique, et à l'échec des programmes de la Grande Société ». De plus, les croyants qui adhèrent à la reconstruction chrétienne offrent des solutions, car ils croient en la vision post-millénariste que les nations vont se convertir et que l'Eglise établira le royaume de Dieu sur terre. Bien que les leaders du mouvement s'accrochent à la théologie réformée, les charismatiques (qui défendent le plus souvent la théologie arminienne) particulièrement ceux qui appartiennent au mouvement de la « confession positive », ont aussi été influencés par le mouvement du fait de l'optimisme qu'ils partagent par rapport à l'avenir.

La théologie de la domination, celle de la reconstruction, la théonomie et la théologie du royaume ont toutes été utilisées pour décrire ce mouvement. Cette théologie (de la domination) dit que, par Christ, exerce sa domination sur le monde et que les croyants, par leur identification avec Christ, prennent le pouvoir sur ce monde. Les croyants parviennent progressivement à établir leur domination sur le monde par leur obéissance aux commandements divins et la fidélité de leur service. Les chrétiens finiront par être considérés comme les « bienfaiteurs » du monde. Etant donné que Christ a vaincu Satan et le péché, les chrétiens peuvent à leur tour exercer une domination personnelle sur tous les aspects de la vie. La reconstruction chrétienne est « une philosophie énoncée récemment qui prétend que c'est une obligation morale pour les chrétiens de reconquérir toutes les institutions et les soumettre à Jésus-Christ (au moyen de) la loi biblique ». La reconstruction signifie que le christianisme doit reconstruire la culture « dans tous les domaines de la vie (...) l'éducation, la médecine, l'agriculture, l'économie, l'emploi, la politique, l'application de la loi, les relations familiales, la vie dans l'Eglise, les arts et les sciences (...), bref, partout ».

Théonomie vient de deux mots grecs : THEOS, signifiant DIEU, et NOMOS, qui signifie LA LOI, donc « la loi de Dieu ». Greg BAHNSEN a inventé ce terme pour l'appliquer à la loi divine dans toutes les facettes de la vie humaine, individuellement autant que d'une manière législative, par les gouvernements du monde entier.

Les approches doctrinales de la théologie de la domination peuvent se résumer ainsi :

1) **La théologie calviniste** : les partisans de la théologie de la reconstruction défendent les cinq points du calvinisme : la dépravation totale, l'élection inconditionnelle, la rédemption limitée, la grâce irrésistible et la persévérance des saints. Certains identifient simplement cette catégorie comme la souveraineté de Dieu, une doctrine importante du reconstructionnisme, puisqu'elle offre l'espérance en l'avenir et parce que rien ne peut contrecarrer la souveraineté divine.
2) **La théologie de l'alliance** : au lieu de faire des distinctions claires entre Israël et l'Eglise, les reconstructionnistes ne reconnaissent qu'un seul peuple de Dieu : Israël, dans l'Ancien Testament et l'Eglise dans l'Ancien Testament, appliquant ainsi à l'Eglise les commandements et les promesses de l'Ancien Testament. Les chrétiens ont reçu l'ordre de conquérir et de dominer la terre (Gen 1.28 ; 9.1-7), et ils ont reçu le Grand mandat (Gen 12, Mt 28) d'amener tous les peuples sous la discipline de la loi divine.
3) **L'apologétique présuppositionnelle** : philosophie qui « prétend que les conclusions que tirent les hommes de toutes les preuves sont gouvernées par leurs présupposés au sujet de Dieu, de l'homme, de la loi et de la nature ». Elle se fonde sur la méthodologie de Cornelius VAN TIL, qui « prétendait que la Bible offrait autant le cadre (les catégories) que le contenu de la philosophie chrétienne ». La Bible doit être le seul étalon sur lequel la pensée humaine doit s'aligner (5). Il est impossible de faire avancer le christianisme en se fondant sur les raisonnements philosophiques et humanistes de l'homme déchu.
4) **Le postmillénarisme optimiste** : il y aura « une transformation de la société et de la culture, grâce à la conversion d'une multitude innombrable de gens et de nations ». La conversion des multitudes

sera le résultat de la « prédication de l'Evangile et l'adhésion à la Bible comme norme et moyen de faire avancer le Royaume de Dieu sur terre ». A sa première venue, Christ a lié Satan et établi le royaume de Dieu sur terre. Comme Satan est lié, les citoyens du royaume peuvent réussir à placer toutes les nations sous la loi divine.

5) **L'éthique théonomique ou la loi biblique** : c'est l'outil du reconstructionnisme. Les dix commandements constituent le pinacle et l'idéal de la révélation divine ; de plus, ils n'ont jamais été abrogés. Il revient aux individus et aux nations d'obéir à la loi divine. Le reconstructionnisme chrétien essaie de construire « un ordre social explicitement biblique », pour « confronter le monde avec le témoignage de la loi biblique exhaustive ». La loi est l'outil de la domination : « Domination sur nos vies (sphère morale), domination sur les actes externes impies des rebelles (sphère juridique), et domination sur la création (sphère judiciaire) ». Cette loi devrait être appliquée aux institutions de la famille, de l'Eglise, de l'Etat, et de l'économie.

Max WEBER distingue trois types de dominations : traditionnelle, légale et charismatique :

a) La domination traditionnelle : le pouvoir est légitimé par le fait que ce sont les coutumes établies et acceptées, la tradition, qui désignent les personnes en position de domination.
b) La domination légale : le pouvoir en place est légitimé par la force de la loi, la réglementation rationnellement établie.
c) La domination charismatique : le pouvoir tient sa légitimité du rayonnement émanant de la personne elle-même, de l'allégeance et du dévouement qu'elle suscite grâce à sa valeur, ses dons, ses qualités exceptionnelles.

Il distingue l'autorité du pouvoir, le pouvoir renvoie à la capacité de forcer l'obéissance. L'autorité, par contre, se définit comme la capacité d'une personne à se faire obéir de façon volontaire. La domination ainsi exercée est donc considérée comme légitime. Il définit le pouvoir comme étant la capacité d'influencer le comportement d'un individu ou d'un groupe. Mais Raymond-Alain THIETART, dans son livre « Le Management », Que sais-je ? PUF, paru en 2012, à la page 127, définit le pouvoir comme étant la faculté d'un individu ou d'un groupe d'individus de faire faire à d'autres quelque chose qu'ils n'auraient pas fait de leur propre initiative.

QUELQUES DOMINATIONS :

Sans être exhaustif, nous citerons ici quelques dominations dont la mission est de pervertir la création et l'ordre divin.

Le **Léviathan**, une figure de Satan, qui attise l'arrogance des hommes pour les amener à prétendre pouvoir se passer de Dieu. Il attise aussi la compétition dans l'acquisition de pouvoirs spirituels, politico-financiers, ou ecclésiaux (Michelle D'ASTIER DE LA VIGERIE, dans son livre « Apostasie et sorcellerie dans l'Eglise).

Les dominations féminines diaboliques sont une réalité biblique :

La **Reine du ciel** (Jér 7 ; 44), appelée ISIS en Egypte, censée représenter l'humble Marie et adulée dans l'Islam sous le nom de Myriam.

Jézabel la maudite, devait être une esclave des descendants de Sem, c'est-à-dire des Juifs. Mais au lieu d'être l'esclave des Hébreux selon la prophétie de Noé, Jézabel s'organisa pour être leur princesse et leur chef. Elle s'accapara du pouvoir et domina totalement son mari Achab. Elle l'initia aux pratiques occultes et introduisit officiellement en Israël le culte de Baal et d'Astarté. Elle est surtout connue pour avoir aboli le culte de Yahvé pour le remplacer par le culte de Baal et d'Astarté, tué les prophètes de l'Eternel, combattu le prophète Elie, pris la direction de tout le pays d'Israël, et organisé le meurtre de Naboth afin de s'accaparer de son héritage pour le donner à Achab (1R 21.1-22). A cause de ses forfaits et violations de la loi morale, Dieu fit descendre sur elle le jugement suivant : « Les chiens dévoreront Jézabel près du rempart de Jizreel » (1R 21.23).

Ap.2 ; Zac 5.6 : les démons prennent des formes féminines pour duper les hommes, ou ils prennent des formes animales. La Bible démontre abondamment que la femme est, en général, beaucoup plus sensible que l'homme au niveau spirituel, mais que le danger réside justement dans cette particularité qu'elle a de recevoir les influences de toutes sortes d'esprits. L'esprit de Jézabel est un danger pour les groupes de combat.

Les caractéristiques des personnes qui en sont atteintes :

- Parlent souvent plus que les autres
- Accaparent, peu à peu une autorité dans l'église en recherchant d'abord, le plus souvent, l'agrément des responsables
- Prétendent prévoir aussi ce qui va se passer dans l'Eglise ou pour diverses personnes
- Prétendent avoir un accès préférentiel à Dieu (Dieu m'a montré, Dieu m'a dit...)
- Prophétisent directement et sans contrôle à l'extérieur de l'assemblée
- Ont souvent des problèmes de couple (90%)
- Attirent autour d'elles un groupe de personnes, dont elles s'occupent particulièrement
- S'attribuent ouvertement ou secrètement un ministère
- Finissent par se rebeller contre le ou les responsables qui ne font pas absolument ce qu'elles « reçoivent » de Dieu
- Ces personnes sont difficiles à guérir, car elles sont elles-mêmes séduites par l'esprit qu'elles véhiculent et ne voient pas leur état réel

- Lorsque l'esprit est discerné, il s'empresse de provoquer divisions, révoltes, mensonges et la fuite des personnes qu'il anime, tout en s'efforçant de rester lui-même dans la communauté, au moyen des sentiments de ceux qui fraternisaient avec lui
- Le maillon suivant de la chaine des démons est l'esprit de fuite. Cet esprit s'attaque aux femmes dans une écrasante majorité, mais que les hommes qui en sont atteints meurent rapidement (Ap 2.23), suite à des dépressions ou autres accidents. Les femmes résistent, sans trop de problèmes, sans doute, parce que, finalement, elles ne sont qu'en partie responsables de leur état (Nb 30.11-16). C'est pourquoi cet esprit a tendance à profiter, au début, de l'autorité des autres, pour agir sur la communauté. La prophétesse Jézabel agissait sur le roi Achab, son époux. Les esprits de Jézabel essaient d'abord de se faire bien voir des responsables de l'assemblée ou du groupe. Plus tard, au contraire, ils manifesteront la répugnance qu'ils ont toujours ressentie lors des prédications ou des directions données par d'autres qu'eux-mêmes. Ces esprits provoquent une ambition démesurée sur le plan spirituel (orgueil spirituel) au point qu'ils tendent, aspirent à influencer tous les ministères ; l'esprit de Jézabel est un esprit de contrôle et de domination. Lorsqu'il est décelé, il tend à faire un groupe à part, haïssant ouvertement ou inconsciemment les responsables des assemblées qu'ils ont fuies ; tout en disant, parfois avec un sourire angélique : « nous les aimons beaucoup et nous prions pour eux ». Nous pouvons être touchés et souillés par l'esprit de Jézabel, les femmes, en général, plus que les hommes ; les sympathisants de cet esprit sont discernables à leur indulgence (= facilité à pardonner les fautes d'autrui) envers les fautes concernant le sexe, l'immoralité, les tenues légères ou provocantes,... ; ils conservent le gout pour les films, les images, les conversations équivoques, l'occultisme,...Ils ne renoncent pas à séduire et à s'imposer (2R 9.30 – Jézabel à l'arrivée de Jéhu, le justicier, met du fard à ses yeux, pare sa tête,... DEMANDONS A DIEU DE NOUS DELIVRER DE CET ESPRIT !!!

PRIERE POUR LA DELIVRANCE SUR LE PECHE SEXUEL :

Dieu le Père, dans le nom de Jésus, je renonce à toute malédiction générationnelle qui, d'une façon ou d'une autre, me lierait à une perversion sexuelle. Je me repens au nom de mes aïeux- sur les générations qui m'ont précédé- qui auraient commis des péchés sexuels. La malédiction brisée est arrachée de ma semence et de moi-même. Je me repens de tout péché sexuel récurrent et personnel qui aurait conduit à la formation d'une forteresse démoniaque dans ma vie. Je ferme toutes les portes qui auraient été ouvertes par des abus sexuels subis pendant mon enfance, mon adolescence ou mon âge adulte.

Je renonce aux blessures émotionnelles, aux afflictions et aux rejets qui auraient ouvert des portes à la rébellion dans le domaine du péché sexuel. Je ferme les portes qui auraient été ouvertes suite à des relations traumatisantes, à des malédictions infligées par des confessions négatives ou prononcées, sciemment ou par ignorance, à mon encontre.

Je renonce aux esprits que j'aurais laissé entrer à cause d'actes sexuels ritualisés, d'un inceste, d'un viol, d'humiliations, de passions passagères, d'un enchantement, d'un acte de magie, de satanisme, de vaudou, de sorcellerie ou tout autre type d'occultisme. Je prends autorité sur tout attachement de mon âme ou fragments de mon passé qui représenteraient une plaie dans ma vie d'aujourd'hui.

Je rejette les pensées inconscientes, les phrases mentales, les fixations, ainsi que les esprits mauvais qui aveuglent ou lient mon esprit.

J'utilise le bélier de la Parole de Dieu contre les désirs impies et les œuvres de la chair. Je ne m'assujettis pas aux pouvoirs de ces agents qui œuvrent contre mon âme. Je refuse de me soumettre à la puissante figure de Jézabel et je renonce à l'esprit de la prostitution du temple. Je fais volontairement de mon corps un sacrifice vivant offert à Dieu et purifié par le sang de Jésus.

Paré de la vérité, je suis prêt au combat.

Seigneur, envoie maintenant tes anges me protéger. Père, je te rends grâce d'intervenir dans ma situation. Que les paroles de mes lèvres et la méditation de mon cœur soient acceptables à tes yeux, O Seigneur, ma force et mon Rédempteur, amen !

Dalila : utilisée pour faire périr SAMSON qu'elle séduit (Jg 16) ;

Hérodias et sa fille séduisent Hérode pour faire tuer Jean-Baptiste (Mt 14.3-11) ;

La femme de Job veut entrainer son mari à maudire Dieu (Job 2.9) ; **Séphora**, femme de Moise, avait influencé celui-ci pour qu'il ne pratique pas la circoncision de son fils (Ex 4.24-26) ;

Les femmes de Salomon (1Ro 11.1-8) ; **l'impie Athalie** (2 Chr 24.7) ;

La femme de Pilate (Mt 27.18) ; **Rahab** (Jos.2.9) ;...

L'injustice est une autre domination : dans les administrations publiques et même privées, ceux qui ont une parcelle de pouvoir dominent sur leurs subalternes au point de décider sur les conditions de travail et salariales comme ils veulent sans tenir compte de la pénibilité du travail. Les décideurs sont assis dans des bureaux climatisés, dans un confort hors du commun leur permettant de mettre en place des mesures pouvant forcer les subalternes à produire plus au détriment même de leur santé physique : à l'exemple des infirmiers, des aides-soignants, des enseignants, pour ne citer que ces trois catégories, subissent les conséquences de mauvaises lois et décisions de leur hiérarchie qui fait abstraction des conditions difficiles de travail et d'une rémunération qui frise la misère. Mesdames, messieurs les dirigeants, voudriez-vous porter aussi les tenues des infirmiers et aides-soignants pour descendre dans des hôpitaux exercer ces métiers en vue de vous rendre compte des difficultés qui sont celles de ces agents de santé que vous négligez ?Je pense que trois jours de travail suffisent pour que vous puissiez changer l'opinion que vous avez de ces métiers pour vous permettre de décider autrement en faveur de ces personnes qui ont donné leur vie pour celle des patients. Dieu seul est juste.

La mode est une autre domination : la mode est une tendance dans la manière de se vêtir, conformément au gout d'une époque dans une région donnée. La mode (ou les modes), et plus précisément la mode vestimentaire, désigne la manière de se vêtir, c'est un phénomène impliquant le collectif via la société, le regard qu'elle renvoie, les codes qu'elle impose et le gout individuel. Tout le monde est à la mode aujourd'hui, suivant le train du monde ignorant ce que Dieu a dit : « Une femme ne portera point un habillement d'homme, et un homme ne mettra point des vêtements de femmes ; car quiconque fait ces choses est en abomination à l'Eternel, ton Dieu » (De 22.5). La mode a amené les femmes à changer de teint corporel en utilisant des produits chimiques ; elles s'achètent de longues mèches qu'elles se coiffent ; se faisant des tatouages ; se faisant injecter des produits en vue de grossir par exemple des seins ou des fesses ;... et tout cela étant une façon cachée de corriger Dieu ou de montrer que Dieu n'a pas été à la hauteur de sa tache de création. La femme est maintenant créée à sa propre image et non à celle de Dieu.

Satan est représenté par le serpent, ou identifié soit à un monstre marin soit à un lion rugissant, à un dragon, au prince des mouches, ... Il a organisé la domination du monde en s'inspirant de la hiérarchie divine, mais basée sur la terreur et les rapports de force.

Les anges déchus sont les serviteurs du mal sous toutes leurs formes : leur moteur est l'orgueil, la rage, la haine, et ils n'ont qu'une obsession : détruire l'espèce humaine et l'entrainer avec eux dans l'étang de feu et de soufre, pour qu'elle n'accède pas au paradis de Dieu dont eux-mêmes ont été définitivement éjectés.

« Car nous n'avons pas à lutter contre la chair et le sang, mais contre les dominations, contre les autorités, contre les princes de ce monde de ténèbres, contre

les esprits méchants dans les lieux célestes »(Ep 6.12) : il s'agit ici de **la hiérarchie satanique** composée des principautés (qui dominent sur les nations, les empires, les villes, les villages, bref les communautés territoriales et imprègnent les habitants de leur propre nature) ; les autorités ou les pouvoirs (qui gouvernent toutes les activités humaines : agriculture, commerce, industrie, marine, médecine, armée, activités tertiaires, médias, avec toutes leurs sous-branches) ; les dominations (le prince de la puissance de l'air, le dieu de ce siècle, le seigneur des mouches, Belzébuth, le Léviathan, le dragon, le serpent ancien, le séducteur, la bête,... sont autant de noms pour identifier Satan) ; les esprits méchants dans les lieux célestes (c'est en quelque sorte la garde rapprochée de Satan : les anges, archanges et chérubins déchus qui œuvrent depuis les lieux célestes...).

Dieu fut profondément attristé par la trahison de Lucifer : « *C'est toi, que j'estimais mon égal, toi, mon confident et mon ami !* »(Ps 55.14). Lucifer était un compagnon proche de la Divinité tri unitaire. Avant sa chute, Lucifer avait marché avec Dieu. Après ce chagrin, Dieu créa l'homme pour l'aimer afin qu'il domine et règne sur les œuvres de ses mains (Gen 1.26). Satan fut terriblement jaloux que Dieu ait créé un autre être pour le remplacer. Satan est à la tête d'une assemblée gouvernementale composée de princes démoniaques qui, à leur tour, règnent sur différentes principautés à travers le monde. A partir de ce gouvernement, les princes des ténèbres mettent habilement à exécution leur projet de maitriser notre planète. Le gouvernement de Satan sur les nations est clairement décrit dans Es 14.6 et dans Ep 6.12.

Le prince de l'air hait les hommes même s'il se sert d'eux pour accomplir ses desseins. Il les méprise comme étant des êtres inférieurs, créés de la poussière, des êtres à utiliser puis à abandonner, des objets dont il se sert dans son plan démentiel de domination. Ce prince fut le chef de Perse (maintenant l'Iran) et ce même prince règne encore de nos jours sur cette région du globe. Il continue à détester le peuple de Dieu, les Juifs, ainsi que tous ceux qui cherchent à les aider ou à les soutenir (Dan 10.12-13). Bref, nos pires problèmes, nos pensées, nos angoisses, toutes tragédies- chacune de ces choses a été pensée, conçue par Satan et par ses princes ténébreux. Satan est le cruel dominateur de la race humaine, il est la puissance même sur laquelle sont fondés les systèmes du monde.

Parmi les dominations féminines, nous ne passerons pas sous silence :

- **Jézabel** : est un esprit démoniaque qui séduit et corrompt les rois (ou les autorités civiles ou ecclésiales) et qui fait taire les prophètes pour imposer son propre enseignement (Ap 2.20). Jézabel est la reine des sorcières religieuses. La sorcellerie et la magie, dans un premier stade, sont un fruit de la chair (Gal 5.20). Cela commence par une soif de contrôle qui tend à amener autrui à faire sa propre volonté, sous prétexte que c'est pour le bien de la communauté. Cet esprit de contrôle entraine beaucoup de dégâts dans l'église. Dans celle-ci, l'esprit de Jézabel génère automatiquement une structure pyramidale, d'essence satanique, qui est le reflet de l'esprit du monde. Toute organisation chrétienne dans laquelle des hommes s'interposent entre Dieu et les hommes, en avançant leur titre ministériel ou leur position dans la hiérarchie ecclésiale, pour refuser à un autre chrétien le droit à recevoir des directives personnelles du Seigneur, nie l'œuvre de Christ qui a fait de chacun de nous des sacrificateurs. Quand Jézabel règne dans une église, cela se traduit par une atmosphère imperceptible de peur et de servilité. Si dans l'Eglise, l'esprit de Jézabel touche surtout les hommes, dans les familles il touche plutôt les femmes. Ce démon, qu'il habite un homme ou une femme, a pour caractéristique d'amener une forme de tension là où la personne se trouve, comme si l'atmosphère devenait plus épaisse. Le nom de Jézabel signifie « sans cohabitation ». Cet esprit détruit le couple et la famille, créant un fort individualisme, et une incapacité de soumission à qui que ce soit.

Dans certaines assemblées, on constate que le fils succède à son père pasteur, même si celui-là n'a, à l'évidence, reçu aucun appel pastoral ; des femmes de pasteurs aussi, se disputent parfois avec leurs maris parce qu'elles ont soif de domination et de contrôle de l'église dirigée par leurs époux ;... tout cela est l'œuvre de l'esprit de Jézabel et qui tue même l'Esprit de la prophétie. Par exemple en Occident, la révolte des femmes a produit le féminisme. Au lieu de rétablir les liens de complémentarité voulus par Dieu, cela a abouti pour la femme à la compétition avec l'homme, jusqu'à tenter de le supplanter ou le détrôner. Dans le cadre de la famille, le féminisme rejette le rôle de l'homme et son autorité, même en matière de paternité. Le féminisme avec toutes ses outrances est probablement à l'origine de l'expansion, durant le 20ème siècle, de l'homosexualité, du taux élevé de divorces, de l'exhibitionnisme féminin, et des familles monoparentales. Cet esprit règne aussi dans certaines administrations ou on conseille aux femmes de se séparer des maris parce qu'elles recevront les allocations familiales prévues pour les femmes seules ; là où règne l'esprit de Jézabel, les enfants, les filles surtout, sont rebelles à leurs parents ;... Jézabel est à l'œuvre dans toutes ces catastrophes sociales. Qui dit esprit de Jézabel dit héritage d'esprit de Jézabel et d'esprit d'Achab chez une bonne partie, ou même chez tous les membres de la famille, car c'est un esprit qui se transmet en héritage et qui attire ses semblables. Personne dans ce type de famille n'est dans le rôle et la position d'autorité voulus par Dieu, et les esprits de Jézabel et d'Achab infectent tout le monde. L'insoumission des enfants aujourd'hui, qui vient de la démission parentale, est une manifestation caractéristique de la domination du couple Jézabel-Achab dans une famille. Donc Jézabel sème autour d'elle les haines cachées et les rancœurs secrètes.

- **La reine du ciel** : une autre domination qui a pour mission de corrompre les chrétiens en attaquant leur âme par le sentimentalisme, et détourner les hommes des voies de Dieu. Elle règne sur le ciel. Si la reine du ciel se retrouve devant quelqu'un d'inaccessible au sentimentalisme, c'est le Léviathan qui vient au secours en amenant à l'adoration de la créature (l'adoration de l'homme par l'homme) en jouant sur l'orgueil de ceux qui se pensent très intelligents pour croire aux « balivernes » religieuses .
- **L'humanisme, l'évolutionnisme, le cartésianisme, le rationalisme, le scientisme, la franc-maçonnerie, l'intellectualisme,...l'homosexualité,...**
- **La sirène des eaux** : joue sur la séduction physique et s'attaque à la sexualité. Son activité frénétique a conduit aujourd'hui le monde entier dans l'amoralité la plus effrayante. Sa cible de prédilection, c'est l'Eglise. Il lui faut entrainer les chrétiens dans des péchés d'impureté pour leur ôter toute puissance. Elle s'acharne à casser des couples pastoraux ou les couples d'anciens en introduisant une tierce personne qu'elle tient sous son emprise. Son déguisement « féminin » rend souvent les hommes (et les femmes) aveugles à ses manœuvres séductrices. Ceux ou celles qui ont un esprit de sirène, non seulement exercent une attraction sexuelle irrésistible, mais ont souvent une voix enchanteresse, comme la sirène de la légende.
- **Mammon** : l'amour de l'argent.
- **Maris et femmes de nuit** : les victimes de maris ou de femmes de nuit sont visitées toujours la nuit pendant laquelle elles éprouvent des sensations ou des rêves érotiques, souvent des orgasmes spontanés, mais faute de connaissance, elles ignorent souvent que l'origine en est démoniaque. C'est dire que l'esprit qui s'est approprié sexuellement la personne fait tout pour anéantir ses relations amoureuses, ce qui provoque souvent une malédiction de célibat ; mais si c'est au sein d'un couple marié, cet esprit donne à sa victime le dégout physique de son conjoint. Ce qui provoque des querelles dans le foyer, ouvrant ainsi la porte à Satan. Et si on n'y remédie pas, il en résultera une tragédie pour ce mariage, comme par exemple la souffrance endurée par le conjoint aboutira au divorce....

QUI EST SATAN ?

Tout d'abord on le désigne sous plusieurs noms comme : Lucifer, Belzébul, Mammon, l'ennemi, le Malin, Satan, le diable et autres. Il était un chérubin protecteur aux ailes déployées *« Tu étais un chérubin protecteur, aux ailes déployées ; je t'avais placé et tu étais sur la sainte montagne de Dieu ; tu marchais au milieu des pierrezs étincelantes* » (Éz. 28 :14). Il mettait le sceau à la perfection, il était plein de sagesse et parfait en beauté (Éz. 28 :12). Il fut créé pour la musique (Éz. 28 :13). Il occupait une belle position dans le Royaume de Dieu (Éz. 28 :13). Il voulut être semblable au Très-Haut « *Tu disais en ton cœur : je monterai au ciel, j'élèverai mon trône au-dessus des étoiles de Dieu ; je m'assiérai sur la montagne de l'assemblée, à l'extrémité du septentrion ; je monterai sur le sommet des nues, je serai semblable au Très-Haut* » (És. 14 :13-14). Son cœur s'est élevé à cause de sa beauté et il a corrompu sa sagesse par son éclat (Éz. 28 :17).

Il a été rempli de violence et de péché (Éz. 28 :16). Dieu l'a précipité de la montagne de Dieu, et l'a fait disparaître de sa position (Éz. 28 :16, Éz. 28 :17, És. 14 :12). Dieu fait sortir de lui un feu qui le dévore (Éz. 28 :18). Satan était dans le jardin d'Éden, c'est lui qui parlait au travers du serpent (Éz. 28 :13). Il a usurpé à l'homme son droit sur toute la terre et a retourné contre lui les lois établies depuis la nuit des temps. En ce sens, il peut se présenter devant Dieu et lui dire qu'il vient de parcourir la terre et de s'y promener (Job 1 :6) ; Puis tenter Christ au désert en disant en substance, « *si tu te prosternes et m'adores, je te donnerai tous les royaumes de ce monde* » (Mt 4 :8-9). « *Jésus lui dit : Retire-toi de moi Satan! Car il est écrit : Tu adoreras le Seigneur, ton Dieu, et tu le serviras lui seul* » (Mt 4 :10). Finalement, Satan et ses anges seront jugés au jour du jugement dernier. Et le diable, qui les séduisait, fut jeté dans l'étang de feu et de soufre, où sont la bête et le faux prophète. Et ils seront tourmentés jour et nuit, aux siècles des siècles. (Ap 20 :10) Il était nécessaire pour poursuivre cette partie de chapitre de bien comprendre la nature des anges déchus et connaître leur chef.

Jésus met en garde tous les hommes quant à la nature de l'ennemi. Du temps de Jésus, les pharisiens complotèrent d'un commun accord pour la plupart de faire mourir Christ. Aussi leur dit-il : « *Vous avez pour père le diable, et vous voulez accomplir les désirs de votre père. Il a été meurtrier dès le commencement, et il ne se tient pas dans la vérité, parce qu'il n'y a pas de vérité en lui. Lorsqu'il profère le mensonge, il parle de son propre fonds; car il est menteur et le père du mensonge* ». (Jean 8 :44) Dieu nous met en garde de ne pas lui prêter oreille, car il n'y a pas de vérité en lui. Tout ce que Lucifer peut amener à l'homme n'est que mensonge, ruine, destruction et possession. L'Apôtre Paul, avant son départ pour l'éternité, nous révèle une autre vérité, tout aussi importante si l'on cherche la vérité.

« *Et maintenant voici, je sais que vous ne verrez plus mon visage, vous tous au milieu desquels j'ai passé en prêchant le royaume de Dieu. C'est pourquoi je vous déclare aujourd'hui que je suis pur du sang de vous tous, car je vous ai annoncé tout le conseil de Dieu, sans en rien cacher. Prenez donc garde à vous-mêmes, et à tout le troupeau sur lequel le Saint-Esprit vous a établis évêques, pour paître l'Église du Seigneur, qu'il s'est acquise par son propre sang. Je sais qu'il s'introduira parmi vous, après mon départ, des loups cruels qui n'épargneront pas le troupeau, et qu'il s'élèvera du milieu de vous des hommes qui enseigneront des choses pernicieuses, pour entraîner les disciples après eux* ».(Actes 20 :25-30) Également Paul, nous dit : « *Je vous rappelle, frères, l'Évangile que je vous ai annoncé, que vous avez reçu, dans lequel vous avez persévéré, et par lequel vous êtes sauvés, si vous le retenez tel que je vous l'ai annoncé; autrement, vous auriez cru en vain* » (1Corinthiens 15 :1-2). Paul continue en énumérant les doctrines de la Foi et en expliquant le Salut par la Grâce, seule manière pour les hommes d'aller à Dieu. Toute façon de procéder a été renfermée sous le Nouveau Testament. Tout est clair et précis, que ce soit la manière d'être Sauvé en passant par Jésus Son Unique Fils, la constitution de l'Église Universelle, les doctrines, ordonnances, exhortations, directives, modes de fonctionnements ou façons d'agir conformes à la sainte doctrine en tout temps et en toutes choses. Tout cela est dans le Nouveau Testament. Personne au travers une société secrète, n'a pu trouver une autre voie pour aller à Dieu. Il en existe une seule, elle est simple, intelligible et accessible à tous. Le chemin du Salut est très bien expliqué dans le Nouveau Testament. On ne doit pas s'éloigner des Saintes Écritures, on ne doit pas suivre des doctrines autres que celles enseignées par les apôtres. L'Évangile nous enseigne qu'il ne doit y avoir aucun autre médiateur entre nous et Dieu.

Le diable utilise les éléments ci-après pour imposer sa domination :

Gouverner par la force (ce qui est le cas dans plusieurs pays du monde).

Le pouvoir de l'or, la comédie politique, le droit est dans la force, le pouvoir invisible, l'usage du despotisme, l'usage de la corruption, l'abolition de la propriété, l'asservissement de l'administration, le mensonge, la théorie de la guerre, création de diverses crises, le contrôle de l'information publique, l'infiltration de différentes sectes et surtout de la franc-maçonnerie, la guérilla urbaine, l'usage des promesses, la manipulation d'esprits légers, l'utilisation de la diplomatie, l'augmentation de l'armement, ...

L'injustice est aussi un autre élément utilisé par le diable pour installer sa domination : partout et dans tous les domaines de la vie, l'injustice est présente.

Qu'est-ce que la justice ? Existe-t-elle ?

Juste ; justice : Ancien Testament, tsedeq= qualité de ce qui est droit, exact, conforme ; respect du droit, des règles sociales ; équité, exactitude, probité. Tsadaq = être juste, être reconnu juste ; d'où justifier quelqu'un, c'est-à-dire le reconnaitre ou le déclarer juste. Tsadiq = juste, exact, innocent.

Nouveau Testament, Grec. La famille qui dérive de la racine « dik » est importante, car les divers mots apparentés paraissent plus de 220 fois dans le Nouveau Testament, notamment dans l'épitre aux Romains : dikaios (80 fois)= juste, pieux ; dikaios (adv.) = justement, selon le droit, avec justice ; dkaiosuné (92 fois)= justice (des choses et des lois, de l'homme, de Dieu) ; dikaioma (10 fois)= prescription ou commandement juste, acte de justice ou acquittement.

Concept de la justice. C'est la pratique de ce qui est droit et juste, mesurée non seulement par un code légal, mais aussi par ce qui contribue à des relations justes, à l'harmonie et à la paix. Pratiquer la justice, c'est maintenir ou réaliser ce qui est juste, par exemple des relations honorables entre époux, entre parents et enfants, entre employeurs et employés, entre gouvernants et citoyens, entre l'homme et Dieu.

Se dit des choses : le sang (Mt 23.35), le jugement du Christ (Jn 5.30), un fait ou un acte (Mt 20.4 ; Lc 12.57 ; Ac 4.19 ;...), le commandement (Ro 7.12), les œuvres (1Jn 3.12), les voies de Dieu (Ap 15.3).

Se dit des hommes : d'un juge (Lév 19.15), d'un roi (Es 16.5 ; 32.1), plus précisément de David (2S 8.15) et de Josias (Jr 22.15), de celui dont l'innocence est dument reconnue (Gn 7.1), des hommes (Lc 1.6 ; Ro 1.17 ; 2.13 ; 5.7).

Se dit de Dieu : Il est juste, équitable et impartial dans son traitement de tous les peuples (Es 30.18), sans contradiction entre sa nature et ses actes (Jn 17.25 ; Ro 3.26 ; 1Jn 1.9 ; 2.29 ; 3.7), il tient parole et accomplit ce qu'il a promis (Dan 9.7, 12, 14, 16). Il exige la justice des hommes (Ps 82). Il juge justement, appliquant la justice comme critère (Ps 67.5 ; 103.6 ; Ro 2.5 ; 3.25). Il accorde sa justice aux hommes, par la justification et par la sanctification. C'est l'œuvre de la grâce divine de communiquer sa justice aux hommes, en les renouvelant dans la justice et la vraie sainteté (Es 46.13 ; 51.5 ; 56.1 ; Ro 10.3 ; Ep 4.23-24).

Ou est la justice, quand on voit les gens élus par le peuple, maltraiter le même peuple qui les a portés au sommet de l'Etat ? Quand les gestionnaires de fonds passent pour des propriétaires ? Ou est la justice, quand certaines personnes disent à d'autres de faire ce qu'elles disent et non ce qu'elles font elles-mêmes ? Ou est la justice, quand certaines écoles (ENA, Harvard,...) sont réservées à une certaine catégorie de gens seulement ? Ou est la justice quand les mêmes programmes de cours et livres édités par les Occidentaux et donnés aux Africains ne donnent pas de diplômes reconnus par les mêmes Occidentaux qui les ont élaborés ? Ou est la justice quand toutes les structures de santé (hôpitaux, cliniques, centres de santé, ehpad,...) n'ont pas d'effectifs conséquents pour la prise en charge des patients ? Ou est la justice, quand la charte de l'impérialisme continue son bonhomme de chemin avec tous les ravages auxquels la planète terre entière assiste ou participe ? Ou est la justice, quand toute la planète terre fait la guerre à un seul pays (toutes les puissances mondiales font la guerre à la République Démocratique du Kongo) ? Ou est la justice, quand les médias ne font pas cas de toutes les atrocités commises en RDC ou des femmes sont violées, tuées, enterrées vivantes, des enfants sont enrôlés dans l'armée et faits soldats, le pillage des richesses par les ONG, les multinationales, les lobbies,... ? Ou est la justice, quand certains ont tout à dire et les autres rien à dire ? Ou est la justice, quand certains tribunaux sont faits pour une certaine catégorie de gens seulement (à l'exemple de la CPI qui n'arrête que les Africains,...) ? Ou est la justice, quand l'esclavage continue sous une autre forme aujourd'hui ? Ou est la justice, quand le même diplôme ne donne pas le même poste de travail et le même salaire aux détenteurs ? Ou est la justice quand certains serviteurs de Dieu remettent les églises qu'ils dirigeaient à leurs enfants même si ceux-ci n'ont aucun appel pastoral ? Ou est la justice, quand les colonisateurs d'hier continuent à dominer sur leurs anciennes colonies ?...Ou sont les magistrats, les avocats, les juristes, justes ? Ou est la justice, quand les personnes qui ne sont pas surprises la main dans le sac commettant un péché, se moquent ou condamnent celles qui sont surprises au grand jour alors qu'elles font d'autres péchés sans être dénichées ? La Bible dit qu'il n'y a aucun juste sur cette terre, qui es-tu toi qui juges les autres alors que tu fais les mêmes choses que tu condamnes ?

DIEU SEUL EST JUSTE

UN MOT SUR LE PLAN ET L'ORGANISATION ETABLIS PAR LES FRANCS-MACONS :

« Ils fondèrent le «Nouvel ordre», le 1er mai 1776 et l'imprimèrent sur les pièces de monnaies Américaines. De son vivant, Adam Weishaupt fonda des écoles pour fabriquer des Aviseurs et Agenturs. Voici le nom des écoles fondées : l'École du nord avec Swedenberg, l'École d'Avignon avec Dom Pernetty, l'École de Bordeaux avec Martinez de Pasqualy, l'École de Lyon avec Willermoz et Cagliostro, l'École de Zurich avec Lavater, l'École de Londres avec les Free maçons et Rose-Croix, l'École de Bavière avec Adam Weishaupt, l'École de Vienne avec la Rose-croix d'Or, l'École du théosophe d'Amboise avec Louis Claude de Saint-Martin, l'École de Russie avec Tshoudy, le Prince Galatzine et Nicolas Novikof. De nos jours, plusieurs autres écoles ont été fondées, principalement derrière le rideau de fer où elles étaient à l'abri. Les illuminés opèrent sur le plan social, politique, militaire et religieux. Tout haut gradé connaît et sait qui il sert. Cependant, bon nombre d'ILLUMINATIS de petit niveau dans nos gouvernements, bien que très sympathique au gouvernement mondial, n'ont aucune idée de qui ils servent.

Les Agenturs sont des personnes exceptionnellement intelligentes que les Illuminatis choisissent dès leur jeune âge, qu'ils éduquent, puis endoctrinent dans l'idéologie d'un matérialisme séculaire. Ceux-ci sont spécialement entraînés, et rendus capables d'agir en tant qu'experts et spécialistes dans les coulisses de tous les gouvernements. Cela à divers niveaux comme : politique, économique, financier, industriel, militaire, social et religieux. En exerçant un contrôle tangible via ses agents-espions, les Illuminatis forcent les gouvernements et le monde financier à réaliser leurs propres plans en vue de la constitution d'un gouvernement mondial pour lequel ils sont organisés, et même prêts à usurper les Pouvoirs. Dans les faits, il y a très peu d'Agenturs qui savent qu'ils travaillent pour Satan. La plupart de ceux étant au courant œuvrent dans les secteurs sociaux, religieux et à de hauts niveaux politiques. Tous les autres individus en dehors des Illuminatis sont appelés Goyims et sont considérés et même qualifiés du terme « bétail humain ». C'est le bétail humain qu'on force à aller en guerre sous les généraux francs-maçons. Eux, qu'ils doivent séduire et endormir. Le but étant simple, en tuer le plus possible, perdre le plus d'âmes possible et tous les moyens sont bons. Pour atteindre ce but, ces moyens et j'en oublie : la guerre, le terrorisme, l'attaque nucléaire, World Trade Center, le sida, les dissimulations de la vérité, la destruction de la population en Asie, Afrique et bientôt en Amérique (grippe aviaire), l'industrie de la faim et autres. Il y a trop de Goyims pour eux et le mot d'ordre est d'en exterminer le plus possible.

L'ILLUMINATE contrôle la tête de l'organisation grâce à une religion de mystère juive appelée KABBALLAH. Cette religion concentrée sur les arts divinatoires et la science Luciférienne commence à prendre de l'ampleur. Récemment, Mick Jagger des Rolling Stone et la chanteuse populaire Madonna en sont devenus les ambassadeurs. L'ILLUMINATE se prépare à introduire chez les Goyims cette religion; afin qu'elle devienne en harmonie avec le faux prophète.

Déjà à l'ONU, un autel existe depuis 1945 pour ce culte kabbalistique adressé à l'INTELLIGENCE UNIVERSELLE. Elle se prépare à être le futur gouvernement mondial avec quelques correctifs beaucoup plus totalitaires.

L'ORGANISATION DES NATIONS UNIES

Le vingt-huitième président des Etats-Unis, le franc maçon (F*) **Thomas Woodrow Wilson** sacrifia le prix du pouvoir pour satisfaire son alter ego. C'est ainsi qu'ils dispersèrent les votes des Goyims du côté du parti républicain, en opposant William Howard Taft, certain d'être réélu au Franc-maçon Théodore Roosevelt. Celui-ci qui avait cédé sa place à Taft, se présenta sous la contremarque de Parti Progressiste, invention de J. P. Morgan, les banquiers qui soutinrent financièrement l'opération du Parti

Progressif; Rockefeller, Schiff, Baruch, Morgan, Morgenthau, Rothschild. Le 4 mars 1913, le Franc-maçon Thomas Woodrow Wilson du parti Démocrate, devenait le vingt-huitième président des États-Unis.

Par un chantage politique « Peck's Bad Boy », Wilson acquiesça à toutes les demandes des Banquiers Internationaux, dirigés par Rothschild, soit, l'obligation d'intervenir dans la Grande Guerre (1914-1918), la création d'une Banque Centrale et la fondation de la Société des Nations.

Du début de sa candidature jusqu'à la fin de ses mandats, Wilson fut sous la surveillance du Franc-maçon Colonel Edward Mandell House, affilié à la société secrète Illuministe des Master of Wisdom (Maître de la Sagesse), celui-là même qui devait fonder le Council on Foreign Relation.

La Société des Nations (SDN) est une œuvre typiquement franc-maçonne et Illuministe. Au lendemain de la Première Guerre mondiale, la société des nations fut instituée par une charte fondamentale, le pacte de la société des nations, adopté à l'unanimité à la conférence des préliminaires de paix du 28 avril 1919, puis intégré au texte du traité de Versailles le 28 juin 1919. Wilson, crée la « ligue des Nations ». Tandis que Clemenceau se laisse convaincre par le Colonel House. Le 10 janvier 1920 naquit officiellement la SDN, son premier président le Franc-maçon Léon Bourgeois. Cinq entreprises formèrent à Genève une société en nom collectif du nom de « Entreprise du Palais des Nations », cela après un généreux don, soit disant pour la Bibliothèque de M. J.D. Rockefeller Jr. Le Palais fut bâti sur la rive du lac Léman à Pregny.

Le 18 avril 1946, la SDN fut officiellement dissoute, ses propriétés et archives furent transférées à l'Organisation des Nations Unies. Le siège social de l'Organisation des Nations Unies (ONU) est à New York. Le vaste terrain situé au cœur de Manhattan, au bord de l'Hudson River, où s'élève le bâtiment des Nations Unies, a été offert par M. Nelson Rockefeller. Pierre Virion, auteur de « Bientôt un Gouvernement Mondial, une Super et contre-église » nous assure ceci : « À New-York City les «Amis de la Chambre de Médiation » tiennent régulièrement une longue réunion dans la Chambre de Méditation de l'ONU. Au centre de ce Temple, un rayon de lumière joue sur de l'or poli. Le 24 avril 1957, quand la Chambre de Méditation fut réouverte, **Dag Hammarskjold**, Secrétaire Général à l'ONU décrivait cette pierre païenne comme un autel de l'Universelle Religion. Le Temple de l'Intelligence aura lui aussi sa Chambre de Méditation qui sera appelée le « Hall de l'Illumination ». Là les Illuminés, Maître de la Sagesse, nos guides du Temple de l'Intelligence, projettent de dresser le public au nouveau culte humaniste. Des réunions, des projections de films, des cours ... auront lieu ». Le tout est confirmé à nouveau par l'auteur et on peut y lire : « ...l'Association Universelle pour un Gouvernement mondial et qu'un congrès allait se tenir à Versailles. On comptait sur la présence de Madame Roosevelt, veuve du Président, sœur maçonne et théosophe (FIGARO, le 27 juin 1958) ». Curieux comme il y a des interconnexions, Eleanore, veuve du Président Franklin D.

Roosevelt, celui qui facilita la continuité de la SDN à l'ONU est une théosophe illuministe. Il est surprenant de s'apercevoir que nos médias d'information nous cachent toutes ces choses que le public serait en droit de savoir.

L'ONU se veut être une organisation sans religion, pourtant un autel à l'Intelligence Universelle, basée sur la kabbale des Illuminés est dans son sein. Les « Clinton » contactent Feue Eleanore Roosevelt, lors de séances de spiritisme. Qui finance l'Organisation des Nations Unies? Ce sont les Goyims ou le bétail humain. Ce sont les impôts des gens ordinaires que nos gouvernements dépensent selon leur bon jugement. À titre d'exemple, pour l'année 2000, la contribution par ordre de grandeur des pays s'est faite comme suit : États-Unis 25%, Japon 20,6%, Allemagne 9,9%, France 6,5%, Italie 5,4%, Royaume Uni 5,1%, Canada 2,8%, Espagne 2,6%, Pays-Bas 1,6%, Australie 1,5%, Brésil 1,5%, etc. Qui finance la Banque Mondiale (BM) et le Fond Monétaire International (FMI)? Les Goyims, via vos économies dans les différentes banques à travers le monde. Les Banques Mondiales déterminent les réserves; puis ils acheminent le surplus des Banques Centrales de chacun des pays à la Banque des Règlements Internationaux (BRI). Comment la BRI, contrôle les matières premières et les monnaies. De cette façon, ils font des milliards avec vos petites économies à financer le « Nouvel Ordre Mondial ».

Plusieurs croient à tort que l'ONU est une plateforme où discutent, nos chefs d'Etats par personnes interposées. Rien de plus faux, l'ONU est un véritable gouvernement mondial, sous la gouverne des ILLUMINISTES. Ils sont fins prêts à prendre le contrôle de la planète, lorsque l'Antéchrist se pointera. D'ici là, ces fonctionnaires, par milliers et pour la plupart des Aviseurs, Agenturs, francs-maçons doivent suivre les ordres à la lettre des dirigeants ILLUMINATIS. Jamais ils ne règleront les problèmes de la faim, de l'eau, des guerres, de la sécheresse, du réchauffement climatique, de l'insécurité alimentaire, des catastrophes naturelles, du terrorisme, de la pauvreté des pays dits du Sud, de maladies (épidémies,..., sida,...) dans le monde. Imaginez-vous depuis 1920 qu'ils y travaillent. Si vous avez lu le livre « L'industrie de la Faim », vous comprendrez que les « Hommes d'Argents » ont besoin d'avoir la mainmise sur cette industrie pour contrôler les masses et éliminer le plus de Goyims possible de la planète. Ces fonctionnaires mondiaux, sécurisés, très bien payés, ayant les meilleurs avantages sociaux, de bons fonds de pension, de longues vacances et ne payant pas d'impôts vivent dans un confort enviable. C'est le prix de leur complicité silencieuse.

En1997, l'Organisation des Nations Unies (ONU), était composée de 39 organismes connus qui œuvraient dans 16 pays différents. Tout d'abord ont-ils une fabrique de technocrates? La réponse est oui. L'Université des Nations Unies (UNU) dont le centre et la structure centrale est à Tokyo au Japon. À partir de ce programme central, vous pouvez faire des études pratiquement partout dans le monde.

C'est une institution solidement implantée qui n'est pas à la portée de toutes les bourses. Seuls les fils et les filles des initiés, les initiés eux-mêmes, les adhérents ou certains génies sortis des écoles comme l'Ecole Nationale d'Administration (ENA) en France, et Harvard des Etats-Unis d'Amérique, pour ne citer que ces deux, cooptés au plan de mondialisation sont certains d'avoir un emploi et une carrière de haut niveau au sein des Nations Unies. Le fil tentaculaire hiérarchique est carrément Illuministe. À l'intérieur de cette religion hermétique, ils sont unis contre l'ensemble des Goyims dont ils divisent avec des idées différentes et contrôlent leurs économies et leur argent. En regardant de plus près dans les différents domaines : politique, social, économique, diplomatique, militaire, éducation, agriculture, santé,...ceux qui tiennent ces ministères sont presque toujours les enfants de ceux qui avaient déjà exercé leur service dans le même domaine ou similaire, étant à leur tour initiés comme leurs parents à l'occultisme, la franc-maçonnerie, l'illuminati, la rose-croix, et les autres sectes répandues à travers le monde, et qui reviennent pour dominer la population, c'est-à-dire ceux qui ne font pas partie de leur confrérie. Aussi, nous allons regarder de plus près chacune de ces organisations »

LES ORGANES DE L'ORGANISATION DES NATIONS UNIES(ONU) qui dominent le monde sont :

Programme des Nations Unies pour le Développement (PNUD)

United Nations population fund (FNUAP)

Fonds des Nations Unies pour la protection de l'enfance (UNICEF)

Fond Monétaire International (FMI)

La Banque Mondiale (BM)

L'Organisation Aérienne Civile Internationale (OACI) :

Commission Économique pour l'Amérique Latine et les Caraïbes(CEPALC) : Institut international de recherche et de formation pour la promotion de la femme (INSTRAW). La femme occidentale a une notion d'égalité comme suit : mon salaire à moi et ton salaire pour la famille. La loi sur le divorce instituée avantage considérablement la femme. Nos culs penseurs de politiciens à la solde de l'ILLUMINATE ont fait de l'institution du mariage un chèque en blanc donné à la femme de la part de l'homme. Du même coup, ils ont créé une guerre des sexes entre l'homme et la femme. Tout pour diviser afin de mieux régner.

Universal Postal Union

United Nations Economic Commission for Europe (CEE)

La Conférence des Nations Unies sur le Commerce et le Développement

Le Haut-Commissariat aux Droits de l'Homme (HCDH)

Le Haut-Commissariat des Nations Unies pour les réfugiés (HCR) L'Organisation Internationale du Travail (OIT)

L'Organisation Météorologique Mondiale (OMM)

L'Organisation Mondiale de la Propriété Intellectuelle (OMPI)

L'Organisation Mondiale de la Santé (OMS)

L'Union Internationale des Télécommunication (UIT)

L'Organisation Maritime Internationale des Nations Unies (OMI) :

L'ILLUMINATE aime beaucoup mieux voir les Goyims payer leurs produits, à genoux et au chômage ou les faire mourir de faim. De cette façon, ils contrôlent la populace des Goyims.

L'Organisation des Nations Unies pour l'Éducation, la Science et la Culture (UNESCO)

La Cour Internationale de Justice (CIJ)

L'Agence Internationale pour l'Énergie Atomique

L'Office des Nations Unies pour le Contrôle des Drogues et la Prévention du Crime (BCDPC)

L'Organisation des Nations Unies pour le Développement Industriel (ONUDI) L'Organisation des Nations Unies pour l'Alimentation et l'Agriculture (FAO) Le Fonds International pour le Développement Agricole (FIDA)

Programme Alimentaire Mondial (PAM)

Commission Économique et Sociale pour l'Asie Occidentale des Nations Unies (CESAO)

Commission Économique et Sociale pour l'Asie et le Pacifique des Nations Unies (CESAP)

Commission économique pour l'Afrique

Le Centre des Nations Unies pour les Établissements Humains (CNUEH) Programme des Nations Unies pour l'Environnement (PNUE) ».

Qui sont ceux qui travaillent dans toutes ces organisations, de quelle obédience sont-ils ? Tout le monde peut y être engagé pour le service ? La réponse est NON ! Aujourd'hui, ce n'est plus l'affaire de ces organisations de l'ONU seules mais c'est devenu une situation générale dans la mesure ou en Afrique, mêmes les universités, les banques, les différentes sociétés, et ONG, ne recrutent plus n'importe qui : une question est toujours posée aux postulants avant qu'ils soient admis : « DE QUELLE OBEDIENCE ETES-VOUS ? », soit par une simple salutation, le recruteur peut déjà détecter votre appartenance ou non à telle ou telle secte en vue d'accepter votre candidature ou la rejeter purement et simplement à la poubelle ! Jusqu'à quand serons-nous dominés par le monde des illuminatis, des francs-maçons, des Rosicruciens, Ekankar, et autres qui tiennent les pays, et même les continents entiers en otage sous le regard pitoyable du Dieu Créateur ? La situation de notre époque correspond à ce que nous lisons en Actes 16.16-18 « *Comme nous allions au lieu de prière, une servante qui avait un esprit de Python, et qui, en devinant, procurait un grand profit à ses maitres, vint au-devant de nous, et se mit à nous suivre, Paul et nous. Elle criait : ces hommes sont les serviteurs du Dieu Très-Haut, et ils vous annoncent la voie du salut. Elle fit cela pendant plusieurs jours. Paul fatigué se retourna, et dit à l'esprit : Je t'ordonne, au nom de Jésus-Christ, de sortir d'elle. Et il sortit à l'heure même* ».On peut conclure que l'Organisation des Nations Unies (ONU), n'est pas une institution athée. Elle vénère l'intelligence Universelle par une religion kabbalistique. Elle est un réel gouvernement invisible qui attend son chef, l'Antéchrist. Elle contrôle les programmes scolaires, la propriété intellectuelle, l'armement des nations et régit les lois agraires de la planète. Elle s'est structurée pour, à son heure, avoir des lois internationales et en permettre l'application. Les différents programmes mondiaux spécifiques aux continents, en région défavorisée leurs permettront de bénéficier du soutien des peuples puisqu'ils sont en mesure d'en comprendre les problèmes inhérents. Ces programmes, bien que louables et à caractère philanthropique demeurent lents dans leur avancement comme si on ne désirait pas réellement leurs bienfaits. Beaucoup de ces technocrates sont en réalité « *des loups déguisés sous une peau de brebis* ».

L'homme fut formé de la poussière du sol (Gen 2.7), mais le souffle vital que Dieu lui insuffla le rendit différent des autres créatures. Ce souffle est l'Esprit de Dieu établissant une relation vivante entre le Créateur et les hommes. C'est pourquoi l'Esprit est redonné à ceux qui se tournent vers le Christ et reçoivent le pardon pour leurs péchés (Ac 2.38). Nous avons besoin de cet Esprit pour pouvoir réaliser que nous avons été créés pour dominer. De quel esprit a-t-on besoin ? Combien de sortes d'esprits trouve-t-on dans la vie de l'homme ? En lisant Nb 14.24, nous comprenons bien qu'il y a deux sortes d'esprits : le bon ou l'Esprit de Dieu et le mauvais ou l'esprit impur. L'Esprit de Dieu est celui qui a conduit Caleb, Jésus et les autres et qui nous fait sortir plus que vainqueurs ; tandis que le mauvais esprit est celui qui pervertit le monde.

Chap. 2. LES CONDITIONS POUR DOMINER

« Du trône sortent des éclairs, des voix et des coups de tonnerre. Devant le trône brulent sept lampes ardentes, qui sont les sept esprits de Dieu. Il y a encore devant le trône comme une mer de verre, semblable à du cristal. Au milieu du trône et autour du trône, il y a quatre êtres vivants remplis d'yeux devant et derrière. Le premier être vivant est semblable à un lion, le deuxième être vivant est semblable à un veau, le troisième être vivant a la face d'un homme, et le quatrième être vivant est semblable à un aigle qui vole »(Ap 4.5-7).

On ne peut dominer que lorsqu'on a les quatre esprits représentés par les quatre êtres vivants. Ces quatre êtres vivants représentent toute la création, et leurs yeux la connaissance intime que Dieu possède de toutes ses œuvres. Ces quatre formes évoquent que ce qu'il y a de plus noble, de plus fort, de plus sage et de plus rapide dans le monde naturel est représenté devant le trône participant à l'accomplissement de la volonté divine et au culte de la majesté divine.

La disposition des « trônes » des anciens en demi-cercle autour du trône central rappelle la disposition du sanhédrin juif ; les phénomènes physiques qui sortent du trône expriment la puissance et la majesté de Dieu (Ex 19.16-19).

Les « sept lampes » représentent l'Esprit de Dieu, comme le faisaient les sept lampes du chandelier dans le tabernacle (Ex 25.31-40 ; Za 4.2).

La « mer de verre » évoque la cuve d'airain dans le tabernacle (Ex 30.17-21). C'est le symbole de la pureté sans laquelle l'homme ne peut s'approcher de Dieu.

LE PREMIER ETRE VIVANT EST SEMBLABLE A UN LION : la langue hébraïque dispose de plusieurs désignations pour le lion, qui est appelé le « fort parmi les bêtes » en Proverbe 30.30 : *« Le lion, le héros des animaux, ne reculant devant qui que ce soit ; ». Il est le plus souvent une figure de la force : « Les gens de la ville dirent à Samson le septième jour, avant le coucher du soleil: Quoi de plus doux que le miel, et quoi de plus fort que le lion ?... »* (Juge 14.18) ; *« Saul et Jonathan, aimables et chéris pendant leur vie, n'ont point été séparés dans leur mort ; ils étaient plus légers que les aigles, ils étaient plus forts que les lions »* (2Sam 1.23). Le lion est mentionné la première fois en rapport avec Juda, le fils de Jacob *« Juda est un jeune lion. Tu reviens du carnage, mon fils ! Il ploie les genoux, il se couche comme un lion, comme une lionne »* (Gen 49.9), et le Seigneur Jésus est appelé *« le Lion qui est de la tribu de Juda »* (Ap 5.5). Des quatre animaux qui entourent le trône de Dieu, l'un a la face de lion, ce qui doit nous montrer la puissance de Dieu (Ez 1.10 ; Ap 4.7). Des hommes courageux sont aussi comparés au lion (1Chr 12.8). L'empire assyro-babylonien, le premier des quatre grands empires, se présente comme le lion (Dan 7.4 ; cf.Ap 13.2). Déjà dans les Psaumes, la puissance du méchant est vue assez souvent comme le lion déchirant (Ps 7.2 ; 17.12 ; 22.13 ; 57.4), et Pierre utilise pour Satan l'image d'un lion rugissant (1Pi 5.8). Le lion est aussi le symbole de Royauté et Courage royal, confiance (11). Quand Paul dit qu'il a été délivré de la gueule du lion, il veut parler de la puissance de Satan qui se servait vraisemblablement de l'empereur romain Néron comme instrument (2Ti 4.17) (10). Le lion est le chef des animaux, il ne recule devant aucun autre animal. Dans tous les domaines de notre vie, nous devons dominer, mais on aura bien sur l'opposition qui s'élèvera contre nous. Jésus, animé de l'esprit de lion, a dit à Pierre : ***« Arrière de moi Satan »***. Malgré l'opposition, nous ne devons pas nous décourager ou reculer, mais nous devons persévérer, car partout où sera notre bénédiction, là aussi sera l'opposition. L'Eglise doit être animée de cet esprit pour dominer.

LE DEUXIEME ETRE VIVANT EST SEMBLABLE A UN VEAU : le veau appartenait aux bêtes pures qui pouvaient être offertes en sacrifice (Lév 9.2). Il est une image de la persévérance patiente comme aussi de la pureté et de la constance dans la marche (Ez 1.7,9,17 ; cf. Deut 14.6). En Luc 15.23, le veau gras est un type de Christ comme le fondement de la joie et de la communion. Les veaux d'or qu'Israël s'est faits au début du voyage dans le désert (Ex 32.4) et sous le roi Jéroboam (1Ro 12.28) trouvent par contre leurs modèles dans l'idolâtrie égyptienne ou cananéenne ou le culte du taureau était répandu (12). L'esprit d'un veau c'est l'image du travail. On ne peut pas entrer dans la domination si on est paresseux ; on ne peut pas être respecté si on ne travaille pas. La manne est tombée une seule fois ; et que l'Eglise a l'obligation d'être animée de l'esprit de veau pour dominer, chasser les démons (Ps 6.6-9). Sinon, elle sera toujours malheureuse et ne pourra ni avancer (progresser), ni annoncer l'Evangile de Jésus-Christ. La prière, l'évangélisation, l'intercession, l'enseignement, la prédication, ... sont des taches dans l'Eglise et qui nécessitent qu'on soit animé de l'esprit de veau en vue d'obtenir les résultats escomptés.

LE TROISIEME ETRE VIVANT A LA FACE D'UN HOMME : Homme, abstraction faite de sa signification « être humain de sexe masculin » qui le différencie de la « femme », l'homme est fréquemment le symbole de la force dans laquelle est réalisée une position conférée par Dieu. Ainsi pour l'holocauste et pour le sacrifice pour le péché d'un chef en Israël, une bête male était prescrite (Lév 1.3,10 ; 4.23), pour le sacrifice pour le péché de quelqu'un du peuple, une bête femelle (Lév 4.28), alors que pour le sacrifice de prospérité, les deux étaient permises (Lév 3.1,6). Dans le Nouveau Testament, il nous est dit : *« Veillez, tenez ferme dans la foi ; soyez hommes, affermissez-vous »* (1Co 16.13). Ici l'homme est vu comme symbole de la force et de la fermeté. Cependant, selon l'ordre de la création, l'homme est aussi le chef de la femme, car il est « l'image et la gloire de Dieu »(1Co 11.3,7 ; Ep 5.23). Déjà dans l'Ancien Testament, une mise en garde est faite contre le mélange des positions, voulues de Dieu, de l'homme et de la femme : *« la femme ne portera pas un habit d'homme, et l'homme ne se vêtira pas d'un vêtement de femme ; car quiconque fait ces choses est en abomination à l'Eternel, ton Dieu »* (Deut 22.5). Esprit de l'homme (image de l'homme) : esprit de sagesse et d'intelligence sans lequel on ne peut pas entrer dans la domination. On ne peut jamais dominer Satan et ses œuvres sans la sagesse et l'intelligence. Ces deux attitudes permettent à l'homme de comprendre qu'il y a des endroits où on ne peut pas exhiber ses identités, il y a des gens qu'il ne faut pas suivre ; ou on feint d'être fou. On peut avoir la sagesse auprès des sages et auprès de Dieu c'est-à-dire fréquenter Dieu et les sages. Donc, il faut savoir s'humilier en s'adressant aux sages afin d'avoir la sagesse.

LE QUATRIEME ETRE VIVANT EST SEMBLABLE A UN AIGLE QUI VOLE : le mot hébreu nescher, traduit le plus souvent par « **aigle** », signifie vraisemblablement « vautour », ainsi qu'il est rendu en Michée 1.16. En 2 Samuel 1.23, et dans d'autres passages, sa rapidité et sa force sont citées comme principales caractéristiques (Ps 103.5 ; Es 40.31). L'envergure et la force de ses ailes sont une figure des soins de Dieu en faveur des siens (Ex 19.4 ; Deut 32.11). Déjà en Deut 28.49, l'aigle est mis en relation avec le jugement, ce qui semble être la signification de ce symbole dans beaucoup de passages (Pr 30.17 ; Os 8.1). En Mt 24.28, ou le peuple spirituellement mort d'Israël, qui s'est soumis volontairement à l'anti christ, est appelé d'une manière figurée un =corps mort (bête morte), les aigles sont l'expression des jugements de Dieu venant du ciel et consumant toutes choses. La ressemblance du quatrième animal d'Apocalypse 4.7 (cf. Ez 1.10) avec un aigle volant indique la venue subite des jugements de Dieu dans ses voies gouvernementales sur la création.

L'aigle a double vision dans une seule vision, ce qui lui permet de voir avec une grande précision, et voit aussi tout autour de lui. Ne jamais partager sa vision avant qu'elle s'accomplisse, on doit être prudent, garder son projet secret jusqu'à son accomplissement ou sa mise en exécution. La tempête viendra : ayant sa vision ou son projet, des problèmes viendront, certaines difficultés pourront empêcher la réalisation du projet. Quand l'aigle vole, ne fuit pas la tempête mais il y entre et l'affronte. Donc, nous ne devons pas fuir les problèmes, mais on doit les affronter en face. Sans la tempête ou les problèmes, on ne connaitra jamais d'élévation. Mais après la tempête, c'est le beau temps. Quand l'aigle s'envole, les petits oiseaux le suivent et le picotent. Mais l'aigle les prend et les entraine vers le soleil ou ils fuiront d'eux-mêmes. C'est-à-dire que ceux qui nous critiquent seront toujours là, mais amenons-les devant le soleil ou il n'y aura plus de murmures. L'aigle vole toujours plus haut : c'est l'esprit d'innovation. On doit éviter de copier les autres mais il faut prier pour que Dieu nous donne la vision (le projet) au lieu de faire comme les autres, car chacun a sa vision différente de celle des autres. L'aigle mange ce qui est frais càd ce qui est de la Parole de Dieu. Il ne faut pas se contenter des prophéties. Ce temps est celui pendant lequel on doit beaucoup écouter la Parole de Dieu. Tout ce qui n'est pas de la Parole de Dieu doit être rejeté. Quand l'aigle descend pour attraper sa proie, il ne rate jamais. Si tu as ton projet, s'il n'a pas réussi, il ne faut pas abandonner, mais il faut persévérer, et si on échoue aujourd'hui, demain on pourra réussir. Il faut de fois risquer mais avec Dieu et non seul, prendre Dieu aux mots. L'aigle vole ensemble avec de vrais aigles : en tant que chrétiens, il faut marcher avec de vrais chrétiens. Dieu veut que nous ne soyons ni froids ni chauds. Quand on marche avec Dieu, on aura Dieu et on sera conduit par Lui. Il nous faut marcher avec de grands pour qu'on soit aussi grand et respecté. Esprit de l'aigle= esprit de voir loin. Dieu ne t'amènera que jusque-là ou s'arrête ta vue. Il y a deux dimensions d'aigle : Abraham appelé par Dieu, celui-ci lui a montré les étoiles du ciel et c'est ce qui s'est accompli ; il faut voir loin avec Dieu ; car Lui seul t'amènera dans l'accomplissement de la promesse. L'aigle porte ses aiglons sur les ailes ; si on voit loin, on amènera sa famille au loin. Mais quand un aigle est fatigué, il se cache dans les pierres sur la montagne pendant quarante jours et y ressort aguerri, renouvelé et rajeuni. Donc, après avoir travaillé, on doit prendre le temps de se cacher afin de se ressourcer et de se renouveler.

Le docteur Konstantin Rosch, théologien et traducteur catholique de la Bible, cité par Ewald Frank, dans son livre « *Le Christianisme Traditionnel Vérité ou Tromperie ?* p.14-15 », a montré la diversité des quatre Evangiles par les quatre êtres vivants : lion, bœuf, homme, aigle, tels qu'ils sont décrits dans Apocalypse 4.6-8 et en d'autres passages de l'Ecriture. Iréné déjà, dans le Christianisme primitif, les a désignés comme étant les symboles des quatre Evangiles. La Bible, en fait, a été écrite en langage imagé et en paraboles. Matthieu est symbolisé par un lion, Marc par un bœuf, Luc par un homme, et Jean par un aigle qui vole. Dans le premier chapitre d'Ezéchiel, il nous est dit des quatre êtres vivants que tous avaient une face d'homme (verset 5) et que sous leurs ailes se trouvaient des mains d'homme (verset 8). Chaque être vivant avait quatre faces mais ne présentait qu'une face à la fois. Chacun des Evangiles décrit en détail la même apparition du Sauveur ; cependant chacun d'eux Le présente sous une autre face. Intérieurement, tous ces êtres vivants sont semblables, bien qu'individuellement ils présentent une face différente. Ainsi en est-il des quatre Evangiles. En fait, à l'intérieur, dans le cœur, ils sont tous pareils. Cependant l'un présente davantage le Seigneur en tant que Fils de l'homme ; l'autre met l'accent sur Sa divine puissance dans le symbole du Lion, qui est le roi des animaux ; Marc Le présente comme le Serviteur, le porteur de fardeaux ; alors que le quatrième Evangile Le caractérise comme l'Aigle qui s'élève dans les sphères divines.

Bref, toute Eglise qui veut dominer, impacter le monde, devra être revêtue de ces quatre esprits : l'aigle, le plus grand des oiseaux ; le veau, le plus grand des animaux domestiques ; le lion, la plus majestueuse des bêtes sauvages et l'homme, le plus puissant de tous. Une fois revêtu de l'Esprit de Jésus-Christ, l'église pourra grandir :

- Une doctrine intangible : il nous faut bien savoir ce que nous croyons selon la Bible et nous y tenir sans nous en écarter.
- Les priorités de son service : elles peuvent varier selon les églises. Discernons les priorités qui peuvent être : l'adoration, l'évangélisation, l'enseignement, par exemple.
- Des ministères qualifiés : prions pour que pasteurs et anciens fassent preuve d'expérience et de sagesse, et que l'église leur fasse confiance.
- Mobilisation des effectifs : on va rechercher les dons et capacités de chacun pour le mettre à l'œuvre dans la place qui lui convient : musique, chant, groupe de prière, réunions pour enfants, pour jeunes, etc...
- Le style de vie : on devient contagieux ; on est heureux d'être ensemble dans les réunions, de se retrouver par exemple lors de repas en commun et des temps de prière...
- L'évangélisation : chacun des membres de l'église s'efforce de rendre témoignage autour de lui, de rayonner de l'amour de Jésus, de donner autour de lui des évangiles, des traités,...
- La formation des disciples : a commencé, pour chaque membre de l'église, par les instructions en vue du baptême, avec des cours et poursuivre la formation
- L'adoration : on encourage l'église à adorer le Seigneur d'une façon très profonde. Il y a des styles différents d'adoration selon le tempérament de chacun et le style des assemblées. Mais surtout, notre Sauveur doit être glorifié par notre vie de consécration et de communion. La louange doit jaillir de notre cœur.
- La communion fraternelle : nous partageons nos joies et nos fardeaux. Nous nous réjouissons avec ceux qui se réjouissent et pleurons avec les affligés. L'affection se ressent.
- Les petits groupes se développent et se multiplient : ils sont les lieux ou se manifeste une affection profonde avec des temps de partage et de prière. Plus les groupes sont nombreux, plus l'église est dynamique.

Chap.3. L'EGLISE AUJOURD'HUI

L'Eglise ne s'est pas levée pour dominer cette cruauté harcelante qui existe au milieu d'elle : certaines églises célèbrent le mariage homosexuel ; l'interruption volontaire de la grossesse (IVG) tolérée si pas encouragée ; certains serviteurs de Dieu s'adressent à des dominations sataniques pour obtenir des dons surnaturels, en nouant avec elles des pactes et en leur livrant des bêtes ou des êtres humains en sacrifice ; les gens meurent chaque jour tuées par de mauvais dirigeants qui s'approprient le contrôle, persécutent, torturent et assassinent des foules entières. Que de l'hypocrisie de la part de nos chefs d'Etats : la complicité de chefs d'Etats de pays (africains par exemple) qui prennent leurs peuples comme des cons et se voilent la face prétendant ne rien connaitre de tout ce qui se passe dans leurs propres pays, par exemple la domination de tous les domaines de la vie communautaire par les ONG étrangères qui font les pyromanes et les sapeurs-pompiers en même temps ; les ¾ de travailleurs de ces ONG viennent de l'étranger, ce qui fait retourner l'argent amené par les ONG au pays de provenance. Que doit faire l'Eglise maintenant ? Quelle est la solution lorsque les choses sont ainsi ? La solution reste toujours la même. Les croyants doivent se lever, utilisant l'autorité qui leur est donnée par Dieu, revêtus de quatre esprits ci-haut mentionnés et ils domineront les puissances démoniaques qui envahissent les pays ; même si la puissance démoniaque a fait escalade, et le prix à payer pour les chasser est donc plus élevé. Plus le sang innocent est répandu, plus le pays est envahi par les démons puisque les revendications de Satan sur un pays ou sur un peuple sont renforcées par le péché et seulement par le péché.

Le contenu de toute la Bible est renfermé dans deux chapitres du livre de la Genèse. Tous les autres livres et chapitres suivants sont constitués par des corrections des erreurs commises par l'homme. Jésus était venu sur terre pour restaurer ce qui avait été détruit au commencement, et nous faire revenir au jardin d'Eden. Dieu a créé l'homme à son image et à sa ressemblance, ce qui signifie que comme Dieu est le Seigneur et domine sur toute la création, il domine sur tout l'univers, et est Créateur de tout, cela veut dire que l'homme a également les capacités de dominer, de diriger et de conduire. C'est pour cela que Jésus nous a rachetés.

Comment utilise-t-on ce pouvoir de dominer nous confié par le Seigneur Dieu ? Les serviteurs de Dieu l'utilisent pour dominer sur les membres du corps de Christ : certains pasteurs roulent carrosse pendant qu'il n'y a aucun programme d'assistance aux orphelins et aux veuves qui sont dans l'église ; le loyer de la maison du berger et même la nourriture sont supportés par les membres de l'église, qui, pour certains, n'ont pas de logement décent ou s'ils en ont, n'ont pas de moyens pécuniaires suffisants pour faire face aux frais de loyer ; certains se donnent tellement de l'importance qu'ils ont un service de sécurité et de protocole de sorte qu'on ne peut les voir qu'après avoir passé une batterie de contrôles et de rendezvous qui durent plusieurs mois, traduisant seulement le culte de la personnalité rendu à l'homme de Dieu... Alors que Jésus lui-même mangeait avec ses disciples, dormait avec eux, vivait dans l'humilité. Les manifestations de l'Esprit deviennent un sujet de s'enorgueillir, poussant des gens à la publicité de leurs églises et pasteurs dans le cadre de témoignage, selon eux, ce qui est un orgueil masqué ;...

Voyons ce qui se passe aujourd'hui : les mosquées fermées, les églises fermées, les temples fermés, les bars et restaurants fermés, les rues sont désertes, les chantiers fermés, les usines sont à l'arrêt, les déplacements inutiles interdits, ... tout cela à cause du coronavirus qui sévit sur toute la planète. Ou sont les grandes puissances ? Ou sont les organismes de l'ONU ? Ou est l'OMS ? Ou sont les scientifiques, les docteurs, les ingénieurs, les spécialistes de grandes catastrophes, les sorciers, le vaudou.... Pour faire face à ce fléau et le neutraliser ? Le monde entier est dans la confusion totale, dominé par un virus qui vient de faire taire tous ceux qui prétendaient être invulnérables, poussant toute la population dans un confinement inédit, et démontrant que seul Dieu est capable de sauver son peuple. C'est pour cela que nous devons revenir à la Parole de Dieu, à laquelle on devra obéir et qu'on devra mettre en pratique dans notre vie quotidienne. Ce fléau ne reconnait ni l'âge, ni le sexe, ni le niveau d'études, ni le lieu de vie, ni le continent, ni l'appartenance à telle ou telle autre religion, ni la quantité de médicaments dont on dispose, ni son titre ... Démuni, un ancien président français a déclaré dans son discours qu'à la fin de la pandémie de coronavirus, un nouvel ordre mondial commence. Ce qui est l'affirmation de ce que les franc-maçons ont toujours préféré mettre en place en vue de contrôler le monde à leur guise. Ou sont les Elie, Josué, ... pour dire un mot à cette pandémie afin de voir les choses changer ? Elie avait demandé à ce qu'il n'y ait pas de pluie pendant trois ans et il en fut ainsi. Dieu répond aux prières de son peuple comme il l'a fait avec Elie, Moise, Abraham,...et avec Jésus qui a fait taire la mer, a marché sur l'eau, a ressuscité plusieurs personnes,...

LE BON FONDEMENT :

L'Eglise doit se baser ou s'asseoir sur un bon fondement afin de résister et de dominer : Jésus parle de poser un bon fondement et décrit deux hommes, dont l'un a réussi dans la vie tandis que l'autre a échoué (Luc 6.46-49). Ces deux hommes ont tous deux entendu la Parole, mais un seul a résisté à la tempête. C'est dire qu'un seul a mis en pratique la Parole entendue. Donc, l'Eglise ne doit pas se contenter seulement d'entendre la Parole, mais bien plus la mettre en pratique, au lieu de s'écrier : « gloire à Dieu ! Ce que la Bible dit, c'est vraiment merveilleux ! », puis continuer sa route et quand la destruction frappe, elle laisse emporter sa maison, dominée par l'ennemi. C'est un signe qu'on n'a pas de puissance sur laquelle s'appuyer pour résister à la tempête. Que faire ? Pour résister au diable, l'Eglise doit passer à l'action. Pourquoi la maison de l'un a été ébranlée et l'autre non ? La maison qui a résisté à la tempête était bâtie sur un fondement solide : faire ce que Jésus a dit. Ce n'est pas la volonté de Dieu à ce que le monde soit ainsi dominé par le mal : les sectes, l'occultisme, la sorcellerie, ...les dominations de différentes catégories,... Ce qui frappe l'Eglise aujourd'hui n'est pas forcément ce que Dieu voulait pour elle, mais ce qu'elle-même a laissé arriver. Dieu laissera arriver tout ce que nous, nous laisserons entrer. Ce n'est pas lui qui est chargé de lui refuser l'entrée, c'est nous (l'Eglise) ! Il y a des gens qui acceptent la domination ou la tragédie comme étant la volonté de Dieu, en pensant qu'ils en apprendraient quelque chose, ou que les autres verraient tout le bien qui en ressort. Ceci est la tromperie numéro un de Satan, qui vous fait croire que les problèmes qui vous arrivent sont la volonté de Dieu et vous vous dites : « Si c'est Dieu qui fait cela, qui suis-je pour m'opposer à Lui ? ». De tel comportement paralyse la foi et nous empêche de vivre et d'agir par la foi.

Pour avoir le dessus sur Satan et ses associés, l'Eglise doit construire sur la Parole : mettre en pratique la Parole de Dieu, c'est construire un fondement que Satan ne pourra jamais détruire, quels que soient ses efforts. En tant que disciples de Jésus-Christ, nous devons faire comme le Maitre avait fait en son temps et nous obtiendrons le même résultat. Même si la situation est catastrophique, ne déclarons que ce que Jésus a dit et nous verrons la délivrance ! Dans l'exemple de maison ci-haut cité, ce n'est pas la tempête qui a provoqué la destruction de la maison, mais le manque de fondement. L'homme ne faisait pas ce que Jésus a dit de faire. En tant que croyants, nous devons occuper la terre et en prendre le contrôle jusqu'au retour de Jésus. Donc, notre rôle est de tenir ferme et de veiller.

Sachons ceci : partout où nous irons, ayons nos pensées fixées sur Jésus et sa parole. Lui seul a porté la malédiction qui pesait sur nous ; par ses meurtrissures, nous avons été guéris ; sa tête a porté la couronne d'épines de sorte que nous, nous ne puissions plus souffrir de maux de tête, de folie ; il a fait couler son sang qui remplace maintenant le sang de maladie qui était en nous, amenant la guérison ; ses pieds ont été blessés pour que les nôtres ne souffrent plus ; ses cotes ont été transpercées d'une lance pour que notre corps ne soit plus sous domination de maladies ; ses yeux ont été voilés ou bandés pour que les nôtres puissent voir clair ; et le sang a coulé sur cette terre afin de détruire les œuvres du diable dans nos vies ; ... Le royaume de Satan n'est ébranlé que lorsque le peuple de Dieu lui résiste avec les puissantes vérités concernant le Sang de Jésus. La lutte finale est entre les mains de l'Eglise. L'œuvre de Jésus est accomplie et il est assis à la droite du Père jusqu'à ce qu'il ait fait de ses ennemis son marchepied. C'est maintenant l'heure, le moment, ou nous qui sommes le corps de Christ, devons prendre autorité en nous unissant à notre glorieux Chef Suprême, dans la victoire qu'il remporta pour nous d'il y a plus de 2000 ans. Nous devons veiller dans la prière, à l'exemple de Daniel qui persévérait dans la prière jusqu'à la réception de la réponse. Que se serait-il passé si Daniel avait arrêté de veiller dans le jeune et la prière ? L'ange aurait été obligé de faire demi-tour dans la défaite. Il n'y aurait pas eu de réponse. Les Juifs n'auraient pas été délivrés et Israël aurait été englouti par Babylone, cessant ainsi d'être une nation. Il n'y aurait pas eu de Jésus né à Bethléem. Voyez-vous combien la prière d'un seul homme a influencé l'histoire de l'humanité ? Vous et moi avons bénéficié de ces trois semaines mises à part par Daniel dans le jeune et la prière. Gloire à Dieu qu'il ne se soit pas découragé et qu'il ait continué jusqu'à l'arrivée de l'ange. Et nous, avons-nous continué, ou bien nous sommes-nous découragés ? Combien de combats menés dans la prière sont perdus à la veille de la victoire parce que le combattant ne perçoit pas ce qui se passe à l'intérieur du voile. Nos anges combattants ne peuvent pas aller plus loin que ce que leur permet notre prière. Ils n'agissent pas indépendamment de notre prière. Même la victoire à portée de leur main, si nous nous décourageons ou si nous acceptons la défaite, ils ne peuvent pas continuer. Ne perdons jamais l'espoir, l'ange viendra, il est en chemin, persévérons sans nous décourager *« Jésus leur adressa une parabole, pour montrer qu'il faut toujours prier, et ne point se relâcher »* (Lc 18.1).

Si Jésus a fait toutes ces choses, jusqu'à vaincre Satan et la mort, donc tout celui qui l'a accepté et reçu comme Seigneur et Sauveur, qui marche comme un soldat discipliné de Jésus en mettant en pratique tout ce que le Maitre a prescrit à ses disciples, étant conduit par le même Esprit qui était en Jésus, on dominera à nouveau !

Le Seigneur, notre Bannière, c'est Jéhovah-Nissi. Dieu nous donne son nom nouveau – la Bannière. Or c'est à la guerre que l'on se sert d'un étendard, d'un drapeau. Au plus fort de la bataille, le porte-étendard le lève très haut, il sonne de la trompette, attirant ainsi l'attention de tous. Cet étendard que nous élevons en direction des armées de Satan, c'est le Seigneur, son Nom, la Parole, Sa Vérité ! Notre victoire réside dans notre confession et dans notre prise de position immuable, fondées sur les choses éternelles qui ne peuvent changer. Tant que nous serons établis sur ces choses, nous ne serons ni ébranlés ni vaincus. Moise, en mettant en évidence la verge, est comme cet intercesseur qui met en évidence les vérités divines qui nous ont libérés de la domination et de l'oppression de Satan. Car l'intercesseur est celui qui monte sur la colline de la prière, l'étendard de la vérité à la main, et qui proclame, témoigne aux hordes infernales et démoniaques, la vérité de l'Evangile, remportée pour nous par Christ, notre Commandant Suprême au Calvaire. Aucun démon ne peut résister à la puissance de la vérité lorsqu'un peuple s'en sert courageusement pour lui faire front.

PRIONS :

« Oui, tu as raison, Satan. J'ai souvent échoué dans le domaine dont tu parles. Mais ce n'est pas à cause de mes prouesses que je te résiste en ce moment. C'est à cause de ce qu'a fait Jésus à la Croix de Golgotha et je m'appuie sur son œuvre accomplie au Calvaire. Je m'appuie sur la parfaite justice qu'il m'a imputée et je confesse que tu es un ennemi vaincu. Alors, arrière de moi ! J'agis au nom de Jésus, Celui qui t'a vaincu, et qui m'a donné autorité pour te lier », amen !

Chap. 4. L'EVANGILE EST UNE PUISSANCE POUR DOMINER

« En effet, je n'ai pas honte de l'Evangile de Christ : c'est la puissance de Dieu pour le salut de tout homme qui croit, du Juif d'abord, mais aussi du non-Juif » (Ro 1 :16). Paul dit qu'il n'a pas honte de son message parce que c'est la Bonne Nouvelle de Christ. C'est un message de salut, qui a le pouvoir de transformer la vie et qui s'adresse à tous. Si, au lieu de regarder à notre faiblesse, nous regardons à Dieu et à ce qu'il a accompli dans le monde, nous n'éprouverons ni embarras ni honte. L'Evangile est le seul moyen par lequel Dieu transforme des vies. La proclamation de l'Evangile est la proclamation du pouvoir de Dieu de transformer la vie des gens. L'Evangile est une puissance : pour faire des miracles, pour détruire les œuvres du diable, vivre au-dessus de la mort ; on aura la puissance pour résister aux attaques du diable, on aura la puissance contre les sorciers, les maladies, les marabouts et leurs associés ; on aura la puissance contre la pauvreté à condition de garder l'Evangile.

« En effet, le message de la croix est une folie pour ceux qui périssent, mais pour nous qui sommes sauvés, il est la puissance de Dieu....mais puissance de Dieu et sagesse de Dieu pour ceux qui sont appelés, qu'ils soient juifs ou non » (1Co 1 :18, 24).

La parole de la Croix est l'expression, l'énonciation, la prédication de la Croix. Cette sorte de prédication est méprisée et considérée comme stupide par ceux qui périssent, mais elle est honorée et reçue comme la puissance de Dieu par nous qui sommes dans le processus du salut. Dans son ministère, Paul soulignait que la Croix était le centre du salut de Dieu (Ge 2.20, 3 :1, 5 :11, 24, 6 : 14 ; Ep 2 :16 ; Ph 2 :8, 3 :18 ; Col 2 :14).

L'Evangile est la puissance qui a fermé la gueule aux lions et Daniel a pu les dominer jusqu'à sortir de la fosse sans une seule égratignure ; la terre n'a pas pu supporter le Seigneur Jésus jusqu'à le vomir le troisième jour après sa mort et son enterrement ; cette puissance a poussé Jésus à lancer le cri qui a ressuscité Lazare ; Pierre et Jean ont pu dominer sur la pathologie du boiteux qui a repris ses forces pour se lever et commencer à sauter ; les disciples de Jésus ont vu les esprits se soumettre à eux ; tout celui qui le croit est revêtu de la puissance pour chasser les démons, parler de nouvelles langues, saisir des serpents, imposer les mains aux malades et voir ceux-ci guérir ; cet Evangile est aussi une puissance qui amène la paix là ou il y'avait les troubles, libérer les captifs, délivrer ceux qui étaient dans les chaines du diable, ...

Nous pouvons obtenir le changement dont on a besoin en gardant le même Evangile tel que nous l'avons reçu, car la réception d'un autre évangile fermera les cieux et nous empêchera de dominer.

Je m'étonne que vous vous détourniez si vite de celui qui vous a appelés par la grâce de Christ pour passer à un autre évangile. Ce n'est pas qu'il y ait un autre évangile, mais il y a des gens qui vous troublent et qui veulent déformer l'Evangile de Christ. Mais si quelqu'un même nous ou même un ange venu du ciel-vous annonçait un évangile différent de celui que nous vous avons prêché, qu'il soit maudit ! Nous l'avons déjà dit, et je le répète maintenant : si quelqu'un vous annonce un autre évangile que celui que vous avez reçu, qu'il soit maudit ! (Ga 1.6-9).

Il nous faut, à partir de ce texte distinguer deux sortes d'évangiles, dont le vrai Evangile (Evangile de Christ) du faux évangile.

Le vrai Evangile a des caractéristiques différentes de celles du faux évangile, dont : c'est un Evangile qui reconnait que Dieu est la source du message ; souligne que la vie s'obtient à travers la mort : nous croyons au Dieu qui nous a aimés et qui est mort pour nous afin que nous puissions mourir au péché et vivre pour lui ; cet Evangile affirme que tous les croyants reçoivent le Saint-Esprit par la foi ; déclare que nous ne pouvons pas être sauvés par le respect de la loi, que le salut n'est possible que par la foi en Christ et est offert à tous ; que tous les croyants sont un en Christ et qu'il n'y a, par conséquent, aucun fondement pour une quelconque discrimination ; proclame que nous sommes libérés de l'étreinte du péché et que nous sommes remplis et conduits par la puissance du Saint-Esprit. Alors que le faux évangile traite la mort de Christ comme un fait insignifiant ; affirme qu'il faut obéir à la loi pour être sauvé ; prétend qu'on obtient la faveur de Dieu à travers la pratique de certains rites et prône le respect de la loi de Moise pour effacement du péché. L'évangile de la prospérité prêché aujourd'hui par certains serviteurs de Dieu est un exemple qui illustre le faux évangile.

Les rachetés de Dieu ne sont pas seulement sauvés pour la vie éternelle, ils sont enfants de Dieu. Quand nous disons que nous sommes enfants de Dieu et que Dieu est notre Père, nous faisons bien plus qu'employer des termes empreints d'une tendresse inspirée. Nous ne nous bornons pas à parler avec sentimentalisme ou dévotion de Celui, qui, par sa merveilleuse condescendance, a pris envers nous une attitude de grâce et de bienveillance. Non, lorsque nous affirmons que Dieu est notre Père et que nous sommes ses enfants, nous confirmons par là notre véritable parenté avec Lui. Nous ne sommes pas simplement acceptés par Dieu : nous avons été engendrés par Lui. Nos relations avec Lui ne consistent pas en un divin respect, mais en une vie divine. Nous sommes nés de Dieu. C'est là une parenté aussi réelle que la parenté humaine, infiniment plus solide et durable. Comme enfants de Dieu, nous participons dès à présent à son essence divine puissante, miraculeuse et surnaturelle. « Sa divine puissance nous a donné tout ce qui regarde la vie et la piété, en nous faisant connaitre celui qui nous a appelés par sa gloire et sa vertu ; par lesquelles nous avons reçu les grandes et précieuses promesses, afin que, par leur moyen, vous soyez participants de la nature divine » (2Pi 1.3-4). Toute l'Ecriture proclame que cette essence miraculeuse et surnaturelle de Dieu doit être manifestée dans ses enfants. Tel père, tel fils. Et Dieu y a abondamment pourvu, par les dons du Saint-Esprit. Encore une fois, nous ne sommes pas seulement cohéritiers avec le Seigneur Jésus, ce qui fait qu'il n'a pas honte de nous appeler ses frères (Hé 2.11), mais nous sommes appelés enfants de Dieu, nés de Lui, Semence incorruptible, Parole éternellement vivante (Hé 2.13). Comme enfants de Dieu, nous possédons sa nature même et devrions donner comme tels -selon notre mesure- les preuves non seulement de son caractère parfait, mais encore de ses puissantes facultés divines. Nous sommes fils et filles de la toute-puissance, de l'omniscience, de la sainteté infinie et de la vie sans fin. La progéniture d'un oiseau présente toutes les caractéristiques de l'oiseau. Dès leur naissance, les petits oiseaux sont des copies en miniature de leurs parents. Ils se nourrissent, respirent, se meuvent, pensent comme des oiseaux. Puis vient le temps ou, toujours comme des oiseaux, ils essaient leurs ailes et tentent de s'envoler. Le petit d'un oiseau sait voler ! Il sait aussi chanter. Les enfants de Dieu devraient manifester les caractéristiques de créatures célestes, surnaturelles. Par le baptême dans le Saint-Esprit et les dons spirituels qui en résultent, Dieu a pourvu à la reproduction de ses facultés divines dans ses enfants. Or ce ne fut pas chez le charpentier de Nazareth que se manifesta la nature miraculeuse de Jésus, car pendant toutes les années de sa jeunesse il y exerça son métier avec ses compagnons, ne faisant appel qu'à l'habileté et aux instruments humains. La vie journalière de Jésus, pure et sans tache, fut édifiée, comme celle de son entourage, par la foi et par les Ecritures. Par contre, sa nature miraculeuse se manifesta d'une manière surnaturelle, par les dons du Saint-Esprit qu'il reçut en ce jour mémorable, immédiatement après son baptême d'eau et d'Esprit dans le Jourdain (Mt 3.16). Il y a peu de sujets sur lesquels l'Ecriture insiste autant que sur celui-ci : que les enfants de Dieu devraient manifester, au moins partiellement, cette nature miraculeuse et divine. C'est pour cela que les prophètes disent de Jésus et des siens qu'ils sont destinés à des « signes et des miracles » (Es 8.18). Cette sagesse et cette puissance surnaturelles furent confirmées par des signes irréfutables chez ses humbles enfants, le jour de la Pentecôte, immédiatement après leur baptême dans le Saint-Esprit. Ce ne furent pas des mérites théologiques qui saisirent d'étonnement les pieux Israelites en ce jour de Pentecôte, mais bien la manifestation de la sagesse et de la puissance divines, qui fit parler en des langues miraculeuses les disciples illettrés de Jésus-Christ. Ce ne fut pas un magistral commentaire de la Parole de Dieu qui enflamma de colère les prêtres envieux quelque temps plus tard, mais bien l'œuvre puissante et immédiate du Saint-Esprit, accomplie dans un impotent de naissance, par deux simples enfants de Dieu. Ce ne fut pas non plus une extraordinaire démonstration de ferveur qui balaya ensuite la Samarie, mais bien la manifestation répétée des dons du Saint-Esprit en des œuvres miraculeuses, accomplies par les mains sanctifiées d'un simple diacre (Ac 6.2-5 ; 8.6). Enfin, ce ne fut pas le charme ni la sainteté qui enveloppaient Paul, qui lui firent attribuer par les Lycaoniens étonnés et les pacifiques barbares de Malte une origine et une dignité divines, mais bien un incontestable déploiement de puissance à travers les dons de l'Esprit, de sorte qu'il opérait délivrance sur délivrance, guérison sur guérison (Ac 14.3, 11 ; 28.6). Par la nouvelle naissance, le Seigneur Jésus marque du sceau de sa vie et de sa beauté ceux qu'il a engendrés. Par le baptême dans le Saint-Esprit, il entend les remplir de son dynamisme céleste. Enfin, par les dons de l'Esprit, il a pourvu à l'expression visible et tangible de ce dynamisme, par la manifestation de choses qui surpassent les plus grandes capacités humaines. « Me voici, moi et les enfants que l'Eternel m'a donnés, nous sommes des signes et des présages en Israël » (Es 8.18).

Les dons spirituels sont la preuve indubitable d'une foi radicale en Dieu et d'une simple acceptation de sa Parole inspirée et infaillible. Que fait « l'Eglise », de nos jours, pour les pécheurs ou les malades, sinon qu'elle les renvoie tous deux dans le monde, en les laissant se « débrouiller » comme ils peuvent ? Dieu est-il moins courroucé de nos jours contre les bergers qui ne cherchent pas les brebis perdues et ne guérissent pas les malades, qu'il ne l'était au temps du prophète Ezéchiel ? « Vous n'avez pas fortifié les faibles, vous n'avez pas guéri les malades, vous n'avez pas bandé les blessées, vous n'avez pas ramené les égarées, ni cherché les perdues » (Ez 34.4). Le troupeau de Dieu est affamé par ceux qui se nourrissent richement. Les verts pâturages de sa précieuse Parole sont foulés aux pieds par la critique moderniste ; les eaux tranquilles qui, à la Pentecôte, coulaient du sanctuaire, ont été troublées par le passage des processions railleuses. « Et mes brebis doivent paitre ce que foulent vos pieds, et boire ce que vous troublez de vos pieds » (Ez 34.19). Que reste-t-il pour l'héritage de Dieu acquis par le sang de son Fils, son Israël spirituel, son précieux troupeau ? Rien, à l'intérieur des églises organisées. Le réveil se trouve en dehors des églises et il le sera jusqu'à ce que Jésus revienne. Il est dans la Pentecôte. Non pas dans les temples magnifiques ou le rite de la Pentecôte continue à être travesti – mais dans les chambres hautes des rues reculées, ou la puissance de l'Esprit de Dieu est répandue avec force, en des dons et des dispensations capables de rassasier l'âme. Mettez en regard des puissants miracles et des signes des Actes des Apôtres les emblèmes, les chasubles et les processions – la « Pentecôte » des églises ! Mais allez dans les salles méprisées, et là vous verrez et entendrez des miracles – encore aujourd'hui ; là vous trouverez des âmes assoiffées buvant aux sources pures de la Parole de Dieu et trouvant la vie et la paix.

CONCLUSION

« Ceux qui avaient été dispersés allaient de lieu en lieu, annonçant la Bonne Nouvelle de la Parole » (Ac 8.4).

La quatrième persécution de l'Eglise a poussé les croyants à amener l'Evangile de Jésus-Christ dans les contrées lointaines, et ils n'avaient aucune référence comme nous aujourd'hui. Frères et sœurs, l'Eglise doit se lever sans délai, pour récupérer ce qu'elle a perdu : la domination. C'est le mal qui domine le monde aujourd'hui sous le regard passif des Chrétiens, ce qui est contraire à la volonté de Dieu. Nous devons arracher le leadership de ce monde qui est détenu par Satan et ses associés pour nous l'approprier de nouveau, parce que c'est cela la volonté de Dieu ; changeons notre attitude envers ce qui se passe aujourd'hui dans le monde. N'attendons pas une autre persécution pour se lever en vue de nous approprier la domination pour laquelle nous avons été créés, car Jésus qui est en nous a reçu tout pouvoir sur la terre comme au ciel *« Jésus, s'étant approché, leur parla ainsi : Tout pouvoir m'a été donné dans le ciel et sur la terre »* (Mt 28.18).

La domination que Dieu établira sera éternelle *« en disant : Nous te rendons grâces, Seigneur Dieu Tout-Puissant, qui es, et qui étais, car tu as saisi ta grande puissance et pris possession de ton règne »* (Ap 11.17). Seule l'autorité de Dieu est légitime : elle est l'expression de sa souveraineté universelle et éternelle (Ex 15.18 ; Es 51.9 ; Da 4.34). Dans Rom 9.21 *« Le potier n'est-il pas maitre de l'argile, pour faire avec la même masse un vase d'honneur et un vase d'un usage vil ? »*, Dieu est comparé à un potier qui crée et façonne des pièces, c'est-à-dire qui a toute autorité sur elles. Dieu exige la soumission et l'honneur, punit les rebelles. Jésus-Christ a autorité comme le Père, il règne sur la vie et la mort (Rom 14.9), il a tout pouvoir dans le ciel et sur la terre (Jn17.2, 12.31 ;...). Les apôtres ont l'autorité de Jésus-Christ, ils sont ses témoins, ses envoyés et les représentants de son royaume (Mt 10.40 ; Ac 1.8 ; 2Co 5.20). Dans l'Eglise, les anciens ont une position d'autorité car ils sont les bergers du troupeau du Seigneur (Hé 13.17) ; l'homme est le chef de la femme, les parents exercent un pouvoir sur leurs enfants (1T1 3.4,12) et les maitres ont autorité sur leurs esclaves (1Pi 2.18). Donc, les détenteurs d'autorité sont responsables du bien des personnes qui leur sont confiées ; ils doivent avoir des égards pour elles.

Sauvés par grâce, nous vivrons du pardon du Dieu Saint et Juste, annonçant la Parole de vie aux perdus.

La justice de Dieu ne sera plus pour nous une question, ni une énigme, ni un problème, ni un sujet de discussion. Elle sera un fait, le plus profond, le plus intime, le plus sûr de notre vie. La guerre même ne nous fera plus nous poser cette question absurde : « Si Dieu était juste, est-ce qu'Il permettrait tout ce qui est en train de se passer dans le monde ? »

Une question absurde ? Oui, vraiment absurde si l'on entend ici par Dieu le Dieu vivant. Car jamais le Dieu vivant ne se révèle à notre conscience autrement que comme un Dieu juste. Vraiment absurde, car si nous Le voyons tel qu'Il est, si nous L'entendons nous demander de Le reconnaître et de l'accepter tel qu'Il est, quel sens cela peut-il avoir de lui poser la question : « Es-tu juste » ? Mais une question pleine de sens, très juste et très importante si nous la posons à ce dieu pour qui nous avons, dans notre orgueil et notre désespoir, élevé nos tours de Babel, à ce grand arrière-plan, personnel ou impersonnel, mystique, philosophique ou naïf, à ce grand patron protecteur de nos justices humaines, de notre morale, de notre État, de notre culture, de notre religion. Oui, si c'est ce dieu que nous entendons, nous avons tout à fait raison de poser la question : Dieu est-Il juste ? Et la réponse est vite trouvée (Karl Barth, Parole de Dieu, parole humaine p. 23).

La chrétienté est tombée dans l'idolâtrie. Infidèle, foulant aux pieds le premier commandement du décalogue (De 5:7), elle a sacrifié à des dieux sans nombre (De 32:17). On s'appelle « chrétien », disciple du Christ, et une foule d'idoles règnent sur nos cœurs à la place du Seigneur. Chez les uns, c'est une Idée, une philosophie, l'Art, la Musique, la Beauté, l'Amour ; chez les autres, l'Argent, un être, une passion ! L'idolâtrie ! Voilà bien dans tous les temps la source de toutes les misères des hommes. Au cours des siècles, les mêmes causes produisent les mêmes effets.

Seulement aujourd'hui encore il y a un remède. Les compassions de Dieu ne sont pas épuisées. Son appel retentit encore comme aux jours de Jérémie le prophète ! Dieu s'adresse à tous individuellement :

« Reviens, nation rebelle ! dit l'Éternel ; je ne ferai pas peser sur vous un visage irrité, car je suis bon, dit l'Éternel ; je ne garderai pas ma colère à toujours, Seulement reconnais ton iniquité ... Si tu reviens, ... dit l'Éternel, reviens à moi ; et si tu ôtes tes abominations de devant moi, tu ne seras plus errant, et tu jugeras en vérité, en jugement et en justice : L'Éternel est vivant ! Et les nations se béniront en Lui, et en Lui elles se glorifieront. — Car ainsi dit l'Éternel aux hommes de Juda et de Jérusalem : Défrichez pour vous un terrain neuf, et ne semez pas au milieu des épines » ! (Jér 3:12; 4:1-3).

Comme Israël, pour avoir abandonné l'objet immuable de la foi, la chrétienté est meurtrie et divisée aujourd'hui. Elle n'a pas su garder le bon dépôt (#2Timothée 1:14). Elle s'est laissé distraire par des idéologies étrangères ; elle n'a plus confessé hautement la foi et est devenue la proie d'une philosophie sans durée. Par elle, plusieurs ont laissé leur foi se dissoudre dans toutes sortes de doctrines, qu'elles s'appellent rationalisme, libéralisme, modernisme, étatisme. D'autres ont remplacé « la foi opérante par l'amour » par des dogmes et des formes sans vie.

Il est temps que nous retrouvions les caractères de la vraie foi. Pour cela, défrichons pour nous un terrain neuf, et ne semons pas au milieu des épines ! Délaissons nos idées, nos idoles ; rejetons tout ce qui règne sur nous et revenons à Jésus-Christ, seul Seigneur de nos pensées, de nos cœurs, de nos vies. Débarrassons la foi de tous les vêtements ecclésiastiques, idéologiques et philosophiques dont nous l'avons affublée, et recouvrons la foi pure et simple des Evangiles, la foi qui a pour objet le Dieu de la Bible manifesté en Jésus-Christ. Alors seulement, dans la confession d'une foi vivante et pure, les croyants de l'Église, disséminés dans les églises, connaîtront un renouveau de vie, et reprendront conscience de leur unité merveilleuse qu'ils n'ont pas su garder ni manifester au monde.

Mon frère, ma sœur, ou regardes-tu ? Jusqu'à quand va-t-on supporter la souffrance qui sévit dans nos pays, les meurtres, les assassinats des gens innocents, les viols de filles et de nos mamans, la pédophilie, la pauvreté et la misère de tout genre, le trafic des êtres humains, une autre forme d'esclavage institutionnalisé dans laquelle sont plongés des pays africains aujourd'hui pris en otage par leurs propres gouvernants,...des sectes pullulent à travers toute la planète terre... ? Esaïe ne dit-il pas : « Pour l'amour de Sion je ne me tairai point, pour l'amour de Jérusalem je ne prendrai point de repos, jusqu'à ce que son salut paraisse, comme l'aurore, et sa délivrance, comme un flambeau qui s'allume. Alors les nations verront ton salut, et tous les rois ta gloire ; et l'on t'appellera d'un nom nouveau, que la bouche de l'Eternel déterminera. Tu seras une couronne éclatante dans la main de l'Eternel, un turban royal dans la main de ton Dieu. On ne te nommera plus délaissée, on ne nommera plus ta terre désolation ; mais on t'appellera mon plaisir en elle, et l'on appellera ta terre épouse ; car l'Eternel met son plaisir en toi, et ta terre aura un époux » (Es 62.1-4). Si tu es conscient des dégâts causés par Satan à travers les sectes, les politiciens et les autres agents du diable, alors viens te joindre à la chaine de prières que nous organisons par le net (SKYPE, FACEBOOK, MESSENGER) à 18h00 GMT et qui dure au plus 30 minutes d'intercession en faveur de nos pays. Nous avons tout dans la prière et rien sans la prière, a dit John Wesley. La prière peut renverser la pyramide, crois seulement et tu verras la gloire de Dieu !

Prions :

Dans le nom de Jésus, j'ordonne à l'esprit de terreur et de crainte d'écouter. Esprit de terreur, je t'ordonne de relâcher ton emprise conformément à la Parole de Dieu. Je te maintiens devant le Seigneur Jésus-Christ qui a dit « ne crains pas » et dont la naissance a annoncé l'avènement d'une aube nouvelle. Que ton pouvoir se brise, que tu partes, au nom de celui qui domine tous les noms !

A présent, O Saint-Esprit, viens et remplace la terreur par l'amour, la joie, la paix, la patience, la douceur, l'obéissance, la gentillesse et la prudence. Viens, plénitude de puissance. Venez, paix divine et pensées apaisées. Viens, O Jéhovah, viens toucher ma vie. Dans le nom de Jésus, amen !

TABLE DE MATIERES

DU MEME AUTEUR

- ***Dieu cherche, aujourd'hui, un Homme***, paru aux éditions l'Oasis (France)
- ***Joseph, un leader modèle pour rétablir un gouvernement en crise***, paru aux éditions La Croix du Salut (Allemagne)
- ***Dieu cherche, aujourd'hui, un Homme*** (Volume II) paru aux éditions La Croix du Salut (Allemagne)

A PARAITRE :

- *La femme, une puissance qui s'ignore.*

Printed by Books on Demand GmbH, Norderstedt / Germany